EDUCACIÓN Y
FORMACIÓN FAMILIAR

Los niños y el arte de hacerlos comer

María Rosas

GRUPO EDITORIAL norma

Barcelona, Buenos Aires, Caracas, Guatemala, Lima, México, Panamá, Quito, San José, San Juan, San Salvador, Santa Fe de Bogotá, Santiago

Primera edición: septiembre de 2002

Av. Presidente Juárez 2004
Fracc. Industrial Puente de Vigas
Tlalnepantla, Estado de México
CP 54090
México

www.norma.com

Editora de la serie: Claudia Islas Licona
Diseño de colección y portadas: LaCarmela diseñadores
Tipografía, diseño y cuidado editorial: Servicios Editoriales 6Ns, S.A. de C.V.
Ilustraciones: Alfonso Rangel

Impreso y hecho en México

ISBN de la serie 970-09-0490-3
ISBN 970-09-0535-7
CC 07833

Contenido

Presentación de la Colección Educación y Formación Familiar

Quienes somos padres de familia sabemos que los niños no llegan al mundo con un instructivo adherido al cordón umbilical; a los padres no se nos enseña sobre el difícil arte de educar. Tampoco se nos explica cómo ejercer la dura labor de la crianza cotidiana.

Guiada por la duda en estos titubeantes pero maravillosos años de ser mamá, además de cambiar pañales, limpiar narices mocosas, hacer torres medianas y pequeñas, enmarcar dibujos de elefantes con cabeza de zanahoria, entonar divertidas canciones infantiles y firmar diarios de tareas a las 9:30 de la noche, también me he dedicado a consultar con cuanta mamá cruza por mi camino para saber si ellas, como yo, se sienten abrumadas por las dudas. Y créanme que todas, absolutamente todas, han respondido de manera afirmativa y tampoco han encontrado en libros ni revistas las respuestas a sus maternales preguntas.

La trillada frase "nadie nos enseña a ser papás" es muy cierta, pero en el caso de los padres de familia actuales se complica todavía más porque, además de que los niños no traen indicaciones para su manejo, hoy recibimos una gran cantidad de información del exterior que no sabemos cómo manejar. En efecto, ahora ya tenemos conocimiento de que la dislexia no se corrige con un reglazo, que los niños zurdos son tan normales como los diestros y no tenemos por qué obligarlos a escribir con la mano derecha. También nos han explicado que los niños que antes se portaban muy, pero muy mal y eran expulsados de todas las escuelas, tenían déficit de atención y nadie sabía siquiera que eso existía, pero los adultos y principalmente las escuelas los rechazaban.

Los avances de la pedagogía, la declaración de los derechos de los niños y la vivacidad con la que ahora nacen los pequeños nos han enseñado, asimismo, que los gritos y los golpes deben quedar completamente desterrados de nuestros patrones educativos, porque atentan contra el sano desarrollo físico y emocional del menor.

A pesar de este "boom" informativo acerca de todos los aspectos de la crianza, los niños de antes como los de ahora tienen muchas cosas en común: necesitan atención, afecto, la presencia siempre amorosa de la madre, alimento y educación. Pero las madres de antes y las de ahora no tenemos ya casi nada en común.

De todas esas conversaciones con otras mamás surgió la idea de esta colección de libros. Quiero aclarar que no se trata de libros feministas. Afortunadamente para los niños, para los papás y para nosotras, los hombres tienen una presencia cada vez mayor en la formación de los hijos. Sin embargo, hablo de la mamá no como alguien que pertenece al género femenino, sino como la persona encargada de ejercer la profesión de la maternidad.

Se trata de una colección de libros que nos permite conocer los testimonios de otras mamás. Testimonios que nos sirvan también para reflexionar ya que, al final de cada capítulo, se presentan algunas preguntas que, además de invitarnos a pensar en la relación que tenemos con nuestros hijos, nos dan la oportunidad de tomar nota de cómo nos afectan estos relatos ya que nos sentimos identificados. Asimismo, se presentan algunos juegos entretenidos que refuerzan las definiciones de los principales ingredientes de las relaciones padres-hijos.

La idea principal al preparar esta colección fue la de hacer sentir a los lectores que, como mamás, no estamos solas en nuestros agobios educativos: éstos no acabarán en el corto plazo. Si primero fue el temor a la lactancia materna, a las desveladas y a la tardanza del niño para gatear, después vienen los conflictos con la televisión, los "no quiero comer", las tareas, las malas palabras. Más adelante tenemos que enfrentar la crisis de los púberes, sus murmuraciones sobre nosotros, sus padres, los azotones de puerta, los permisos. En fin, la preocupación por los hijos parece no acabar. Eso es lo que dice la abuela de los míos: "Cuando son pequeños sufres porque los tienes y no sabes qué hacer con ellos, cuando crecen te angustias porque no sabes qué hacer sin ellos". Vistas así las cosas, divirtámonos educando a nuestros hijos. Disfrutémoslos y digamos todas las mañanas frente a un espejo que, después de todo, la maternidad es lo que nosotras queremos que sea: puede ser divertida o frustrante, amarga o deliciosa, triste o llena de sorpresas. Pero siempre será toda una aventura.

Introducción

La alimentación de los hijos es una de las preocupaciones principales de los padres de familia. Especialmente en estos días en los que, por un lado, tenemos acceso a mucha información que nos alerta sobre lo nocivo de ciertos productos y, por otra parte, nuestros niños pasan horas y días enteros sentados frente a la televisión o jugando con sus videojuegos, hacen poco ejercicio y son adictos a la comida "chatarra".

En este libro, el hilo conductor son los testimonios de los padres de familia: sus sugerencias, sus problemas y la forma como enfrentan el dilema cotidiano de las horas de comer. También presentamos el punto de vista de expertos en nutrición, pediatras y demás especialistas.

No le estamos presentando un tratado de alimentación. Es una recopilación de la forma como las mamás, que son quienes están a cargo de la nutrición familiar, han logrado sacar el mayor provecho de las situaciones a las que como padres de familia nos enfrentamos cuando nuestros hijos se sientan a la mesa.

Nosotros decidimos qué queremos que coman nuestros hijos transmitiéndoles buenos hábitos y surtiendo tanto refrigeradores como alacenas de comida nutritiva, pero ellos, los niños, deciden cuánto y cómo desean comer.

Cuando me enteré de los nuevos enfoques de la nutrición familiar y de la responsabilidad que deben tener nuestros hijos con la forma como se alimentan, me pareció que era muy arriesgado dejar a los pequeños semejante tarea. Pero muchas mamás han comprobado que funciona.

En la alimentación, así como en los distintos aspectos que implica la crianza infantil, las claves del éxito son: respeto, confianza en el niño y, en primer lugar, el ejemplo.

Si queremos que los niños coman bien, dejémoslos decidir cuánto van a comer. Y que las horas de sentarnos a la mesa sean para convivir y conversar, no para regañarlos, llamarles la atención o presionarlos para que coman.

1

El significado de la alimentación

"Mamá, ¿por qué en casa de mi amiga Ana Paula rezan antes de comer?", me preguntó Natalia, mi hija.

Desde ese día, cuando la niña me cuestionó sobre el tema, no he dejado de pensar en ello. Ciertamente, en el caso de su amiguita, comer se trata de un ritual religioso, pero al preguntarle a una de las especialistas en nutrición con las que hablé para la elaboración de este libro, sobre la importancia del ritual alimenticio, me comentó que todos, y no como un acto religioso, deberíamos agradecer por los alimentos. "Tal vez bendiciendo los alimentos", me señaló, "las horas de las comidas dejarían de ser arenas de boxeo entre padres e hijos, y la familia acogería ese momento para intercambiar vivencias, planes y conversaciones agradables".

Esta respuesta me orientó acerca de la importancia que tiene abordar el tema de la alimentación de los niños, no desde el punto de vista nutrimental, sino para destacar lo que los papás hacemos con los pequeños a las horas de sentarse a la mesa para comer y las recomendaciones que los expertos nos dan para que los niños coman bien.

Yo soy la primera en apuntarme: diariamente le repito a Natalia, por lo menos seis veces, que se termine lo que se le sirvió. La niña, con cara de "ya no puedo",

me suplica no comer un bocado más. Incluso ha habido veces en las que, después de 20 minutos de haberse levantado de la mesa, mi hija sigue masticando los pedazos de carne.

¿Le suena conocida la historia? Por supuesto, los regaños, amenazas y lágrimas aparecen raudos y veloces. “Te vas a quedar chiquita y flaquita. Además, ve qué color tienes. Estás paliducha.” Lo peor es que Natalia se lo cree, entonces corre al espejo a verse y regresa llorando a preguntarme: “¿Si no como, me voy a quedar así?” Por supuesto, le respondo que no es verdad nada de lo dicho, pero que de preferencia tiene que comer.

Guillermo, mi esposo, contribuye sobornando a la niña: “Si te comes toda la carne y un poco de ensalada, te compro lo que quieras”.

La niña no es ninguna berrinchuda, aunque debo reconocer que es un tanto remilgosa, sin embargo, es evidente que ha quedado satisfecha. Su estómago y el nuestro no son del mismo tamaño, es absurdo servirle raciones para adulto a una niña de nueve años de edad. Puesto así, suena bastante lógico, pero al estar sentados a la mesa y ver que el plato de sopa no acaba de vaciarse, empieza mi proceso angustioso, hasta que los regaños aparecen y acaban con la tranquilidad a la hora de comer.

Como padres de familia actualizados y preocupados por el desarrollo integral y equilibrado de nuestros hijos, hemos leído libros sobre autoestima, acerca del desarrollo de los niños, la crianza infantil y, con seguridad, también hemos buscado en los anaqueles más escondidos de las librerías la última novedad en nutrición familiar.

Desde luego, existen mamás que saben cuántas calorías y proteínas debe consumir su hijo diariamente y otras que ejercemos un estricto control sobre todo lo que suene a dulce, comida "chatarra", etcétera.

Pero todo esto, ¿es sinónimo de ofrecer una buena alimentación a nuestros hijos?, ¿realmente es importante contar los carbohidratos, las vitaminas y los minerales que deben consumir?, ¿vale la pena impedirles comer un par de dulces?

> *"Las sensaciones de placer que acompañan a los actos de la alimentación contribuirán a la construcción de la esfera emotiva del niño."*
>
> *Piaget*

Patricia Rosen es mamá de Jorge, de 11 años de edad y Sandra, de siete años; ella recuerda, cuando el niño todavía no cumplía un año de edad, la forma como la atormentaba que su hijo estuviera mal alimentado. Le dio leche materna durante siete meses, compraba las frutas y verduras más frescas para preparar las papillas, adquiría exóticos cereales en las tiendas naturistas para ofrecerle a su hijo lo más natural y sano. Contaba las raciones exactas que necesitaba el niño de acuerdo a su tamaño y peso. Sin embargo, un día lo llevó al pediatra y el médico le pidió un análisis de sangre debido a que el color de piel del pequeño era demasiado pálido. El diagnóstico clínico se confirmó: Jorge tenía principios de anemia.

Patricia, desde ese día y cargando un enorme costal de culpas, decidió dejar de seguir las instrucciones de los libros y orientarse por su intuición y por lo que el niño pedía, siempre de acuerdo a ciertos patrones que todos conocemos para gozar de una buena alimentación. "Con Sandra no cometí el mismo error y la niña está delgada pero sana", comenta.

Aunque parezca increíble, está confirmado que uno de los sentimientos más importantes que rige nuestros patrones de conducta es el que se refiere a la comida. De hecho, hay un refrán que dice: "Somos lo que comemos".

Cada persona percibe la comida y la acción de comer de distinta manera. Hay adultos que disfrutan plenamente los alimentos; otros comen porque tienen que comer; también están quienes comen de muy mala gana y, si pudieran, borrarían las horas de comer de sus vidas. El punto aquí, es que todas esas actitudes se las transmitimos a nuestros hijos, y por ello, su percepción de la alimentación es aprendida de lo que nosotros, sus padres, les enseñamos.

Provengo de una familia en donde la mamá no era la cocinera más sofisticada del mundo. Comíamos platillos simples y nutritivos: pastas, cremas, arroz, ensaladas crudas y carne, pollo o pechuga a la plancha y aguas de frutas; jamás había refrescos en el refrigerador. La hora de tomar los alimentos resultaba muy agradable y creo que por ello mi casa era un imán para los amigos de todos mis hermanos. Así, siempre había

dos o tres niños más comiendo en casa. ¿Por qué? Sentarse a la mesa era un ritual divertido, sin pleitos y sin una mamá que nos obligara a comernos todo lo que ya no queríamos. Estaba prohibido pelear y siempre había en la mesa una cuchara de palo como el mejor antídoto para los pleitos.

Muchos fines de semana, e incluso semanas enteras, por alguna razón que no recuerdo, teníamos que quedarnos en casa de la abuela: ella sí nos obligaba a comernos todo. "Lo siento mi hijita, pero hasta que no te termines la avena no vas a levantarte de la mesa", me decía. Por supuesto, crecí odiando la avena. Pero más que malestar en contra de un platillo, lo que me molestaba era la lucha que encerraba eso: "Yo mando, yo decido cuándo estás satisfecha, yo decido en qué momento te levantas de la mesa", parecía pensar mi abuela.

A pesar de esos malos momentos nutrimentales, en general, mi relación con la comida ha ido mejorando a medida que tengo más edad. Qué bueno que es así, porque les he tratado de transmitir a Natalia y a José que comer es un placer. Esto no significa que no haya cometido mil y una equivocaciones respecto a la nutrición de mis hijos y reconozco que me quita el sueño que Natalia, aunque no desprecia la comida, no sea de buen comer. ¿Qué más quisiera una mamá que poder presumir de un niño que come bien y prueba de todo?

La obsesión del peso

Durante muchos años les hicieron creer a los padres de familia que un niño gordito era sinónimo de salud. Bajo ese concepto miles de mamás presumían muy alegremente a sus bebés rollizos, y quienes tenían hijos flacos, mejor que ni salieran a la calle: se convertían en la "comidilla" de las demás. Hoy, a pesar de haberse terminado el mito del niño gordo como sinónimo de niño sano, hemos convertido el peso y la talla de nuestros hijos en una prueba de nuestra capacidad como mamás. ¿Cuántas de nosotras no hemos caído en el juego de sentir que nos ponen una medalla en el pecho cada vez que el pediatra nos dice que el niño crece adecuadamente?

Georgina Bracho, dueña de un gimnasio de estimulación temprana, señala que una de las preocupaciones de las mamás quienes llevan a sus hijos al gimnasio, es el crecimiento de los niños. "Comparan tamaños y pesos todo el tiempo. Y las puedes oír competir por el tipo de alimentos que ya come el bebé, la manera en que gana peso e incluso, compiten hasta por los kilos que ellas alcanzaron durante el embarazo. Es absurdo, pero así es", afirma.

Para muchos padres de familia el peso y el tamaño de nuestros hijos es una pesada carga. Ello nos ha llevado a convertir las horas de comer en momentos difíciles en la relación con los niños.

"Con tal de no pelear con Emilio, prefiero salirme de la cocina cuando él está comiendo. Así no tengo que escuchar sus quejas por la comida ni tengo que verlo jugar con los cubiertos", comenta Amalia Rodríguez, mamá de dos niños.

"Tú no puedes imaginarte lo difícil que es pedirle a mi hija que coma. Ya no encuentro trucos ni trampas para que acepte las verduras. Su pediatra ya me pidió que por favor la deje en paz, pero es desesperante verla sin comer", expone Rosaura Calvo, mamá de Mariana, de nueve años.

De acuerdo con la especialista en nutrición Kati Szamos, autora del libro *Nutrición Infantil. Cómo lograr que los niños coman bien*, la mejor actitud que podemos adoptar los padres y maestros es evitar convertir las horas de comida en pleitos. "No vale la pena una batalla desgastante, cargada de ansiedad y neurosis para imponer reglas alimenticias estrictas en nuestros hogares y, a la par, despertar una conducta rebelde y antagónica en nuestros hijos."

Por supuesto, los niños necesitan alimentarse y hacerlo bien, pero como todo, cuanto más nos angustiemos por lo que comen, mayor neurosis les transmitimos y, por ende, menos comen.

Raquel y Elena son mamás que amamantaron a sus hijos cuando eran bebés. Para la primera, el destete fue una cuestión muy natural, sin

> *"Si se considera el impacto tan profundo y duradero que tiene el aprendizaje durante la niñez, se verá la necesidad de formar hábitos alimenticios positivos que beneficien a los niños a lo largo de toda su vida."*
>
> *Plazas*

angustia para ella. Por lo tanto, el niño logró una feliz separación del pecho materno. Elena, desde los primeros días de lactancia se angustió por el momento cuando el destete llegara: "¿Qué va a hacer mi hijo?", recuerda que se preguntaba. Su temor llegó a tal extremo que, en el momento de introducir al niño al mundo de los vasos —su hijo nunca tomó biberón—, ambos sufrieron mucho. El bebé no dormía bien, lloraba todo el tiempo y la lactancia materna se convirtió en un verdadero drama para toda la familia.

Nuestros temores y angustias, son los temores y las angustias de nuestros hijos.

Desde que se casaron, Erika y Fernando no lograban ponerse de acuerdo respecto al momento de tener un hijo. A ella le preocupaba mucho subir de peso y a él también le preocupaba perder el esbelto cuerpo de su mujer. Llegó el embarazo y Erika no subió más de nueve kilos de peso para evitar que le fuera difícil recuperar su talla. El nuevo conflicto era la lactancia. Con el pretexto de "no tengo suficiente leche", evitó amamantar al bebé. En nuestra conversación, ella me confesó que tenía mucho miedo de ser una mala mamá, de no estar alimentando bien a su hijo, por lo que usaba su cuerpo como pretexto para no embarazarse y para no darle el pecho al recién nacido. "Preferimos darle biberón porque así podemos saber cuánto come el niño. Afortunadamente, Andrés es un niño sano y, a sus siete meses de edad, pesa casi nueve kilos", afirma esta orgullosa mamá.

Adriana Otero tiene tres hijos: Daniela, de 12 años, José, de nueve y Camila, de seis. Los tres niños son muy delgados, especialmente Daniela. Comenta que muchas mamás de la escuela de sus hijos le han preguntado sobre la delgadez de la niña y ella ya no sabe qué responder. "Mi hija come muy bien y nadie me lo cree. Desde que nació ha sido delgada y alta, y ya está entrando a una edad en la que su peso le causa conflicto. Es más, yo podría decirte que le avergüenza. Muchas veces siente que los demás la rechazan por su extrema delgadez y yo sólo le digo que me gusta mucho ver lo bien que come y que el peso es algo por lo cual no debe preocuparse. Es una niña muy sana, tiene muy buen color, pero su cuerpo no responde a las expectativas de los otros padres de familia y por ello me preguntan tanto sobre la opinión que el pediatra tiene del peso de mi hija."

La especialista en nutrición estadounidense Ellyn Satter señala que los niños tienen una manera natural de crecer de acuerdo a su complexión, si los padres cumplen su tarea de alimentarlos y los dejan decidir cuánto quieren comer, no tienen de qué preocuparse: los chicos crecerán sanos.

> *"Si el peso de su hija está 10% por debajo del peso promedio para su edad y su estatura, probablemente esté bien, siempre y cuando la pérdida de peso no continúe."*
>
> *Moloney*

La tarea de la alimentación

El acto de comer supone una de las primeras relaciones sociales del niño. De hecho, es el principio de la enseñanza en el comportamiento con los demás. Sin embargo, independientemente de que el recién nacido sea alimentado con el pecho materno o con un biberón, él es el patrón de sus hábitos alimenticios. Es responsable de su propia alimentación, aunque nos cueste creerlo y aceptarlo. Él es el único que sabe si tiene hambre o no. Por eso no debemos imponerles horarios de comida cuando acaban de nacer. Éstos y las rutinas llegan más adelante. Por lo que toca a su peso, los kilos que nuestro hijo sube o baja deberían dejar de ser una obsesión para nosotras, sus mamás.

"Durante muchas semanas, media hora después de haber amamantado a mi hijo, el niño deseaba comer nuevamente. Debo reconocer que para mí era muy frustrante tener que pasarme todo el día con el bebé pegado a mi pezón. Pero comprendí que eso no sería para siempre. De hecho, el maratón alimenticio no duró mucho tiempo. Actualmente, mi hijo Roberto, quien tiene cinco años, tiene sus propios patrones de alimentación. Yo soy muy respetuosa respecto a dejar al niño comer la cantidad que quiera, siempre y cuando sea en horarios de comida", expone Ruth Palacios, mamá de Roberto y Diego, ahora recién nacido.

"Una buena alimentación se refleja en la apariencia y se le asocia con una estructura ósea bien desarrollada, un peso armónico de acuerdo con la estatura, una expresión alerta y despierta, pelo brillante, estabilidad emocional, buen apetito, hábitos de sueño saludables, resistencia a la fatiga, tránsito intestinal regular y también buen humor."

Swinney

De acuerdo con la Organización Mundial de la Salud, una persona saludable es aquella que goza de pleno bienestar biológico, psicológico y social. La alimentación, sin duda alguna, debe contribuir para lograr ese estado de salud.

Leticia Marván, prestigiada especialista en nutrición afirma que, como parte de los parámetros de la OMS, la alimentación debe cubrir tres funciones básicas: ser un satisfactor biológico, un satisfactor psicológico y un satisfactor social.

"Como satisfactor biológico, la alimentación debe aportar todos los nutrimentos que el cuerpo necesita, en las cantidades y proporciones indicadas. Como satisfactor psicológico, la alimentación es un placer que no debe perderse en ninguna circunstancia; ni siquiera cuando hay limitaciones fisiológicas o económicas. Como satisfactor social, la comida y la hora de comer deben propiciar momentos que favorezcan la convivencia familiar y social".

Los padres de familia, desafortunadamente, le hemos quitado a la alimentación de nuestros hijos su importancia psicológica y, sobre todo, su papel en el terreno social. Utilizamos los momentos de comer como la hora de las discusiones, los desacuerdos, los reclamos. Pero eso sí: les damos su ración diaria de proteínas, calcio y calorías que nos recomiendan en los libros.

"Eduardo, mi esposo, siempre come en la casa, pero prefiere que le sirva la comida cuando mis hijas

ya terminaron. Le molesta presenciar pleitos y reclamarles porque no comen bien", expone Pilar Trejo.

Para que la alimentación cumpla su función adecuadamente es primordial que nosotros, como padres de familia, revisemos nuestras propias actitudes hacia la comida y frente al acto de comer. Esto nos permitirá saber qué es con exactitud lo que les estamos transmitiendo al respecto.

Durante mucho tiempo, rechacé el arroz simplemente porque no lo apetecía. Pero obligaba a mis hijos a comerlo. Un día José me dijo: "Mamá, si tú no comes arroz yo tampoco quiero comerlo ya, porque si tú no comes algo es porque eso no debe ser bueno". Me quedé "helada" frente al comentario. Lo saqué de su error sobre los nutrientes del arroz y, a partir de entonces, me integré al equipo de los comedores cotidianos de este cereal.

¿Cómo podemos pedir algo a los niños que nosotros no somos capaces de hacer?

Importantes estudios realizados por prestigiadas instituciones de investigación extranjeras y mexicanas, afirman que la forma de alimentarnos durante la niñez determina el tipo de salud que tendremos en la edad adulta, e incide de manera importante en el desarrollo del coeficiente intelectual.

En el libro *Nutrición contra las enfermedades,* el doctor Roger J. Williams, asegura que en un estudio psicológico en donde se comparó a un grupo de niños en edad preescolar con buenos hábitos alimenticios, con otro de niños de la misma edad con dietas deficientes, los resultados marcaron una importante diferencia en los niveles del coeficiente intelectual a favor de los mejor alimentados. Para no ir más lejos, en las escuelas está comprobado que los niños que desayunan adecuadamente tienen un mayor rendimiento académico, contrario a quienes llegan a la escuela con el estómago vacío.

“En el reglamento escolar, nosotros ya ponemos como condición que los niños vengan con alimento en el estómago. Ya no es una petición a los padres, es una exigencia. No puede ser que envíen a los chicos sin desayunar, o con un vaso de leche nada más. Después de más de 10 horas de ayuno considero que nadie rinde”, afirma la directora de una escuela primaria privada.

El doctor Claudio Coello afirma que en los problemas de alimentación infantil y desnutrición no intervienen sólo los valores nutrimentales de lo ingerido, ya que se trata de una cuestión de costumbres y de educación. En todo el país, existe un considerable número de familias, quienes a pesar de tener a su alcance los elementos necesarios para gozar de una envidiable salud, siguen prefiriendo el consumo de refrescos embotellados, papas fritas, tortas y demás platillos tradicionales de la gastronomía callejera en cantidades industriales, los cuales no aportan nada provechoso a sus organismos. Ante

este problema, las acciones emprendidas en contra de la desnutrición deben iniciar desde la capacitación y educación de madres y padres de familia para orientarse a sí mismos y a sus hijos de la mejor manera de alimentarse.

Leticia Marván explica que la comida siempre ha sido un vínculo social, una forma de reunir a la familia, a los amigos y de demostrar afectos. Pero dejando a un lado este aspecto, la dieta que ponemos en práctica en casa debe ser completa, suficiente, equilibrada, variada e inocua. "Una dieta completa se obtiene cuando comemos alimentos de todos los grupos y con ello cumplimos la función biológica de la alimentación que favorece a la salud física. Una dieta suficiente también aporta la energía requerida por nuestro cuerpo para realizar las funciones vitales. No se debe olvidar que si un niño tiene la energía adecuada, tendrá un crecimiento y un desarrollo adecuados. La alimentación debe ser equilibrada, es decir, debemos consumir alimentos de todos los grupos. Por otra parte, la variedad de la dieta la convierte en un satisfactor psicológico y social, pues en ésta radica el gusto de las personas. Finalmente, decir que la dieta debe ser inocua significa que, al preparar la comida de manera higiénica y consumir alimentos libres de tóxicos, evitamos las enfermedades."

"Cada una de las reacciones que tiene la madre con relación a la alimentación de sus hijos tendrá un importante significado en la vida adulta de éstos."

Mandujano

Todo lo anterior suena muy bien y parece fácil de poner en práctica con los niños, pero aunque nuestra comida cotidiana cumpla con todos estos requisitos, si la hora de la comida no es un momento de armonía familiar, de nada sirve lo primero, porque los pequeños no van a querer comer.

Preguntémonos, por ejemplo: ¿El comedor es un lugar agradable o es el escenario de los pleitos familiares?; mientras comemos, ¿platicamos con nuestros hijos o más bien nos dedicamos a corregirlos y darles instrucciones?; ¿dejamos a los niños comer lo que les apetece o siempre les estamos demandando terminar todo lo servido en el plato?; ¿el postre es motivo de amenazas cuando el niño no acaba de comer?; ¿disfrutamos la comida o es un momento difícil de nuestra vida diaria?

Los expertos en alimentación infantil aseguran que, hacer un inventario honesto y profundo de nuestras respuestas a las preguntas anteriores, ayudará en mucho a convertir la comida y, sobre todo, la hora de los alimentos en algo especial.

Lourdes Esquinca, terapeuta familiar, asevera que son generalmente los padres de familia quienes convierten en un tormento las horas de alimentar a los niños. Yo no entiendo, afirma, por qué con los hijos no ponen una mesa muy linda, les preguntan por sus platillos favoritos e incluso planean los menús de la semana con ellos.

Maite Plazas, especialista en nutrición, señala que los niños aprenden mucho de lo que ven, de lo que hacen, de lo que se les dice, pero de lo que más aprenden es de cómo se comportan otras personas. Por eso durante las comidas, lo más importante es el buen ejemplo. "Para que éstas resulten momentos para aprender y disfrutar, es necesario ofrecer una variedad y combinación de alimentos en un ambiente agradable y tranquilo", explica en su artículo *Que los niños aprendan y disfruten de una buena alimentación*.

Así como hay familias en las cuales la hora de comer es momento de pelear, provocando con esta actitud un cierto rechazo a la alimentación en los niños, también existen quienes tienen un concepto distinto de estos momentos y una actitud sana al respecto.

Mariana Flores, mamá de Donato, de nueve años y Luciana, de siete años, afirma que ella y su marido han tratado de fomentar en sus hijos una concepción agradable de la hora de la comida. "Les tenemos prohibido pelear a la hora de comer y no les hemos enseñado que la comida es una forma de castigo o un tipo de recompensa. Ellos también han aprendido que no provocarán disgusto alguno si no se terminan la comida servida. En este punto he tenido algunas diferencias con mi esposo. Él afirma, por ejemplo, que no se debe desperdiciar ni un gramo de comida. Esta actitud se debe a que proviene de una familia italiana quien sufrió los estragos de la Segunda Guerra Mundial, y fue educado para dejar los platos limpiecitos, porque tal vez podría no haber ningún tipo de alimento momentos después", explica.

En casa de los Granados, nadie acusa a los niños de ser caprichosos cuando ellos ya no quieren comer más. "Por fin hemos entendido que los niños no dejan de comer para fastidiarnos, sino porque tienen etapas distintas de desarrollo y lo que hoy les gusta mañana tal vez ya no", explica Carmen de Granados.

Asimismo, es importante darnos cuenta y aceptar que los chicos tienen temporadas en donde sólo comen un platillo. A mí me pasó con Natalia, cuando tenía entre el año y medio y los dos años, vivía de malteadas de plátano.

Algunos pediatras entrevistados afirman que la mayoría de los padres se preocupa por los hábitos alimenticios de sus hijos y piensa que dichos hábitos no son lo suficientemente saludables como para provocar que los niños crezcan sanos y fuertes. Algunos niños piden las mismas comidas una y otra vez, otros se resisten a probar alimentos nuevos y otro grupo de menores se

la pasa pidiendo bocadillos toda la tarde. Esto es normal, los niños comen lo que les gusta y dejan el resto. Tal vez, durante una semana, se alimenten de crema de chícharos y la siguiente semana prefieran un pedazo de pollo. Sin embargo, recomiendan los médicos, es básico para su desarrollo que los padres o las personas quienes están a su cargo les fomenten buenas prácticas nutrimentales.

El doctor Manuel Ramos, pediatra, asevera que "muchos padres luchan por controlar la cantidad de alimentos que comen sus hijos. El niño puede no estar comiendo una cantidad suficiente de ciertos alimentos o una cantidad excesiva de otros, o puede ser que desperdicie la comida o no quiera probar alimentos nuevos. La función de los padres es ofrecer opciones alimenticias saludables. Si el pequeño es remilgoso con la comida, no puede obligarlo a que coma. Los estudios señalan que los niños comen lo necesario y la cantidad requerida por su organismo, si tienen disponibles alimentos adecuados entre los cuales escoger".

Así que despreocupémonos, hagamos nuestra tarea de tener siempre alimentos nutritivos en la despensa y en el refrigerador y dejemos que la naturaleza infantil haga lo suyo.

Preguntas

Sería muy importante que nos preguntáramos lo que significa para nosotros y para nuestra familia la alimentación.

1. ¿Cómo eran las horas de la comida cuando era pequeña?
2. ¿La obligaban a comer hasta el último bocado?
3. ¿Tiene recuerdos gratos de las comidas familiares?
4. ¿Alguna vez ha sentido temor de no estar alimentando bien a sus hijos?
5. ¿Le preocupan en exceso el peso y el tamaño de sus hijos?
6. ¿Presiona a sus hijos para que coman?

Mis conclusiones

2

La queja nuestra de cada día: "Mi hijo no quiere comer"

Todos sabemos que los niños necesitan una dieta llena de nutrientes para desarrollarse y crecer apropiadamente. Pero, ¿qué podemos hacer para que coman suficiente de los alimentos correctos?

En primer lugar, afirman los expertos, crear un ambiente agradable para comer. La hora de la comida debe ser un momento feliz y sin apuros.

Sin duda alguna, la mayoría de las mamás tratamos de crear una grata atmósfera para que los niños coman. No obstante, parece que esto no es suficiente para que los pequeños muestren su entusiasmo por los alimentos. De hecho, los pediatras señalan que uno de los motivos más frecuentes de consulta en niños después del año de edad, es la falta de apetito o la apreciación de la mamá de que el chico come mal. Esto genera angustia en las madres, pues enseguida piensan que el niño se va a desnutrir, que tiene parásitos o alguna enfermedad grave, generando una situación tensa en la relación con sus hijos."Todos los días hago enormes esfuerzos para que mis hijos coman bien. Compro fruta y verdura de primera calidad, les cocino lo que más les gusta y ni así comen. Obviamente, hago 'circo, maroma y teatro' para que ellos coman. Incluso, muchas veces los persigo por la casa con la cuchara en la mano para que, por

lo menos, prueben lo que les preparé. Parece mentira, pero entre más grandes, más difíciles son para comer", explica Ileana Aguilar, mamá de Gerardo, de doce años de edad, Sofía, de diez años y Omar, de siete años.

Yo no he llegado tan lejos en mis afanes nutrimentales, pero sí he cometido la torpeza de esconder un huevo en un licuado de fresa suponiendo, inocentemente, que mi hija no se daría cuenta. Pero no fue así. Los pequeños son muy observadores y ella se dio cuenta que su licuado tenía mucha espuma, dato que le pareció muy extraño, llegó y me dijo: "Mamá, ¿me puedes preparar mi licuado como lo preparas todos los días?" Yo le respondí que era exactamente el mismo de todos los días. Ella insistió en que no era verdad y que entonces no se lo iba a tomar.

¿Alguna vez le han querido dar gato por liebre? Seguramente sí. ¿Qué le parecería que en un restaurante en el que pidió un buen pedazo de sirloin le sirvan otro corte, se lo escondan entre verduras y se lo vendan como sirloin? Simplemente, se levanta y se va molesto afirmando que a usted no le van a tomar el pelo y no piensa pagar la cuenta, ¿verdad? Pues lo mismo pasa con los niños.

¿Por qué tratamos de decirles que se trata de un platillo cuando sabemos que es otro?

He escuchado a muchas mamás afirmar que en la alimentación de los niños, así como en el amor y en la guerra, todo se vale. Nada más falso que eso. Lo afirmo por experiencia propia. He recurrido a mil y un trucos para hacer comer, sobre todo a Natalia, alimentos que no le gustan, pero la niña siempre se da cuenta y acabamos peleando.

"La nutrición camuflada exige cierta astucia, ¡pero los resultados son sorprendentes!"

Mindell

En su libro *Child of mine*, Ellyn Satter asegura que una alimentación infantil exitosa demanda una división de responsabilidades. Los padres deciden el qué, el cuándo y el dónde de los alimentos que le ofrecen a su hijo; los niños se encargan de la cantidad y de la decisión de comer. "Los padres son responsables de lo que se presenta para comer y de la manera en que se presenta. Los niños son responsables de la cantidad que comen, e incluso, de la decisión de comer o no comer", afirma la especialista.

Los estudiosos de la psicología infantil tampoco están de acuerdo con el hecho de que, "en nombre de una buena alimentación", se cometan con el niño toda clase de excesos, como por ejemplo, permitirle que coma cuando quiera y lo que quiera pero sin disciplina ni horario. Otra situación nada recomendable es encender la televisión a la hora de la comida y premiar de esa forma al niño si come bien. Menos aún, se le debe sobornar diciéndole que si se termina todo tendrá derecho a más golosinas.

“Es importante tener presente que, entre los dos y los seis años, el pequeño está en una edad en donde el sentimiento de independencia y la necesidad de explorar su medio, hacen de cualquier niño un ser inquieto quien conoce poco de límites y, además, su tiempo y atención se centrará en juegos y nuevas experiencias, por lo que se rehusará a sentarse a comer disciplinadamente. Durante este periodo el chico no acepta ayuda, desea comer solo, lo cual incomoda a muchas madres porque tira la comida, se ensucia y no come bien; pero ésta es una de las principales causas por las cuales los niños dejan de comer y establecen rivalidad con quien los alimenta”, expone la doctora Magdalena Cerón, pediatra adscrita al Servicio de Urgencias del Hospital Infantil de México, “Federico Gómez”.

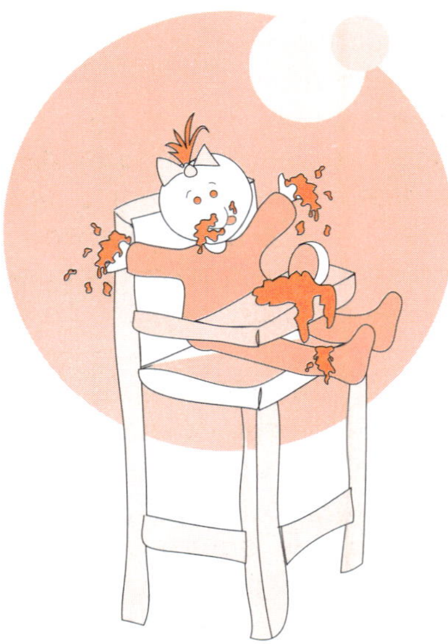

El ambiente dentro del seno familiar es un poderoso motivo para justificar el modo en que comen nuestros hijos. Así, cuando existen problemas emocionales en casa y los niños logran percibir un ambiente agresivo, hostil, violento o incluso indiferente hacia ellos, pueden manifestar su angustia y su malestar siendo rebeldes para comer. En el fondo buscan obtener la atención de los padres o adultos que los rodean pero, por lo general, logran hacerlos estallar entrando todos en un círculo vicioso de tensión, regaños, ceños fruncidos y, muchas veces, el niño termina por sacarse de la boca la comida arrojándola debajo de la mesa.

"Eso sólo sucede en las películas", dice mi amiga Georgina Karam, quien no tiene problemas con la alimentación de sus hijos. Los dos chicos comen estupendamente bien y por eso ella no puede creer que eso pase en la vida real de miles de familias.

"En varias ocasiones he tenido que recurrir a las nalgadas porque mi hija Dalia, escupe la comida cuando no la veo. La envuelve en una servilleta y finge que ésta se cae al suelo. Yo no me había percatado, pero un día la joven que trabaja con nosotros en los quehaceres domésticos vio la servilleta llena de pedazos de carne debajo de la mesa y me la enseñó. Te imaginarás cuál fue mi reacción", comenta Marisa Hernández.

Esta mamá, como otras tantas con niños que esconden los bocados, no ha logrado resolver el problema de la alimentación de su hija, pero con su actitud —ya se lo dijo el pediatra— lo único que va a lograr es que la niña se vuelva anoréxica al obligarla a comer cuando no lo desea.

"Estas relaciones son de control excesivo y ansiedad respecto a la alimentación del niño. Otras posibilidades son: ideas distorsionadas sobre la nutrición, ofrecer insuficiente cantidad de alimentos, esperar una ingestión excesiva, no proveer un nutrimento adecuado. Tal vez se presente una escasa correspondencia entre las características del niño y las expectativas de sus padres", exponen los psiquiatras infantiles Martín Maldonado Durán y Manuel Sauceda-García, autores del artículo *Evaluación clínica y tratamiento de los problemas de alimentación*.

> Algunas familias tienen mitos generacionales que afectan la percepción de la forma como se alimenta a los hijos. Por ejemplo, en algunas se insiste en que los niños se ajusten a prescripciones como:
>
> – Cuando se come no se habla.
>
> – Los niños deben comerse toda la comida del plato.
>
> – La comida no se tira, por lo tanto, debe ser consumida en su totalidad.
>
> – Los niños no deben tomar líquido, sino hasta terminar la comida.
>
> – Si el niño no come algo es porque está manipulando a sus padres.
>
> Maldonado y Sauceda

Como padres de familia intuitivos, aunque la intuición esté cada vez más en desuso, sabemos cuando los niños no quieren comer porque se sienten mal. También nos damos cuenta cuando el pequeño no quiere, simplemente, porque no se le antoja comer. Por eso es importante, antes que todo, desechar algún problema de salud o trastorno alimenticio del chico cuando éste se muestre inapetente. Después, valdría la pena preguntarnos qué errores podríamos estar cometiendo en este aspecto de la crianza de nuestros niños. De acuerdo con el doctor Arturo Soria Magaña, psiquiatra de niños y adolescentes en el Hospital Infantil de México, algunos de los errores más comunes que podemos mencionar son:

1) Malos hábitos: poner a comer al niño cuando no tiene hambre, o después de haberle permitido comer algunas golosinas o refrescos.
2) Obligarlo a comer lo que a nosotros nos gusta, pero, sin haberlo inducido a ese tipo de alimentos desde temprana edad, y negarle lo que a él le gusta y no dejarlo repetir.
3) Darle de comer en la boca, aún cuando ya tiene la capacidad motora para hacerlo solo.
4) Hacerle comer la cantidad que los adultos queremos, cuando lo deseamos y en el tiempo (a veces inadecuado) que nosotros establecemos.
5) Forzarlo a comer más porque nos parece que no come lo suficiente, aunque, por lo general, sea un niño sano con un peso y talla adecuados.

Se entiende por **NUTRICIÓN** al conjunto de procesos gracias a los cuales el organismo recibe, transforma y utiliza elementos químicos contenidos en los alimentos. Estas sustancias constituyen los materiales necesarios y esenciales para el mantenimiento de la vida.

La **ALIMENTACIÓN** es, en cambio, la forma en la que le proporcionamos al cuerpo humano esos alimentos indispensables.

Para bien o para mal, alimentar a nuestros hijos es una de las tareas más importantes como padres de familia, pero, es también, una de las más difíciles y agotadoras.

Esta situación se presenta desde que los niños nacen. La primera pregunta que como mamás nos hacemos es: "¿Amamanto o no a mi hijo?" Cada vez son más las mujeres comprometidas con la lactancia materna, pero aún persisten una serie de mitos y falsas realidades respecto a la alimentación con seno materno: "No tienes suficiente leche", "ese bebé se quedó con hambre", "nunca sé cuánto comió mi niña", "se queda con hambre y lo tengo que tener todo el día pegado a mí", y la larga lista de quejas y pretextos puede seguir.

Por otro lado, nada más alejado de la realidad que la tierna imagen de una madre amamantando a su hijo. Yo les di el pecho a mis dos hijos durante más de seis meses y fue una tarea durísima, fue agotador, demandante, nadie me podía ayudar o sustituir en los momentos de la alimentación. Lo más difícil son los primeros diez días. Pasado este lapso empieza a ser más fácil encontrar el mejor modo para hacerlo. Sin embargo, debemos cuidar que el niño no nos agarre de chupón, evitar que se nos agrieten los pezones, y eliminar de la dieta materna una serie de alimentos porque sólo de imaginarlos el bebé se enferma del estómago. A pesar de estos inconvenientes, la lactancia es una experiencia agradable y, ciertamente, una establece un vínculo muy especial con la criatura.

"Los bebés recién nacidos necesitan alimentarse libremente. Los pechos de su madre están ahí para él y por ello puede utilizarlos cada vez que lo desee."

Leach

"No pude amamantar a mi hija. Se me fue la leche", afirma Elisa Garduño. Ella optó, con la instrucción pediátrica, por darle fórmula y la niña está enorme, gorda y rozagante. En cambio, Beatriz Pereira les dio el pecho a sus dos hijas y ambas son muy delgadas, finitas y pequeñas para su edad. ¿Tiene que ver la calidad de la leche materna? Por supuesto que no, dicen los pediatras. Toda la leche materna es la misma, aunque influye la alimentación de la madre, y nutre de la misma forma a los niños. En efecto, también dicen los pediatras, la fórmula tiende a engordar más a los menores, pero lo que necesitan los primeros tres meses de su vida es leche y si es la materna, mejor. La generalidad de los pediatras no está de acuerdo con la afirmación de que "la leche se va". Es evidente que si el bebé no succiona, no hay producción de leche, y la experiencia de muchas mujeres que no pueden amamantar, es sentirse desesperadas al pensar que su hijo no come y es cuando se dan por vencidas. Por eso creo que saber sobrellevar los primeros días son la clave para alcanzar con éxito la primera etapa en la alimentación del bebé. Esto sin contar el tiempo que estamos en el hospital. A estas instituciones no les parece muy buena la idea de que las mamás alimenten a sus hijos con el pecho porque ello implica más trabajo y llantos en el cunero. De hecho, las enfermeras son siempre las primeras en desalentarnos con sus amigables palabras: "Madrecita, yo creo que usted no tiene leche, mejor me lo llevo, allá en su cunita le damos su alimento y ya comido usted lo vuelve a intentar".

Claro, el niño regresa al poco tiempo muy bien alimentado y lo que menos quiere es succionar para comer. Es como si nos obligaran a seguir comiendo después de un espléndido banquete. Así, ¿cómo no se va a boicotear la lactancia?

Ése es nuestro primer acercamiento a la alimentación infantil. ¿Tortuoso, verdad?

Nuestro siguiente conflicto con la alimentación, y digo conflicto porque muchas mamás así lo hemos experimentado, son las papillas, los purés y los productos envasados para bebé. "¿Qué será mejor darle?", nos preguntamos todo el tiempo.

"Me preocupa que las calabazas no estén bien hervidas y eso pueda hacerle daño al bebé", comenta Claudia Corona, mamá primeriza. "Tampoco quisiera darle *Gerber* porque el pediatra me dijo que mejor yo hiciera sus papillas."

Otras mamás se justifican todo el tiempo por darle purés envasados a su hijo. Sienten que no son muy buenas mamás al hacerlo. Otras, muy románticas por cierto, prefieren hacerlo todo ellas: comprar lo más fresco en el mercado, desinfectar, hervir, licuar, etcétera. Y lo hacen principalmente cuando el bebé es su primer hijo. Con el segundo todo es más realista y también mucho menos conflictivo.

Para mi amiga Angélica, era tan grande el conflicto con la alimentación de su hija que su esposo era quien preparaba las papillas hasta con una semana de anticipación. Ellos pensaban que les quitaría mucho tiempo cocinarlas en el momento mismo, y preferían congelarlas,

hasta que el pediatra les llamó la atención por preparar la comida para una bebé de seis meses con tanta antelación. Y creo que el médico tenía razón, no es tan complicado ni quita tanto tiempo hervir un chayote y licuarlo. Por supuesto, cambiaron de pediatra. La niña, que hoy tiene 12 años de edad, come bastante mal: detesta la fruta y la verdura, lleva papas fritas de *lunch* a la escuela y vive pegada a la puerta del refrigerador bebiendo jugos envasados.

El gusto o el malestar que transmitamos a los niños respecto a la comida será el que persista en ellos hasta que sean adultos.

En su libro *Comidas sanas, niños sanos*, la experta en nutrición Bridget Swinney ofrece a los padres de familia una serie de recomendaciones para lograr una alimentación saludable; y por saludable incluye además del aspecto nutrimental, el social y el psicológico que deben cubrir los alimentos. En primer lugar, nunca se debe sobornar ni obligar al pequeño a que coma. "Los estudios llevados a cabo demuestran que los niños nacen con un control adecuado de la ingesta de alimentos. Comen cuando tienen hambre y dejan de comer cuando se sienten saciados. Somos los adultos quienes enseñamos a los niños que deben comer a las horas de las comidas, incluso si no tienen hambre. Un niño al que se obliga a comer pierde su capacidad natural para controlar la ingesta de alimentos. Esto puede dar lugar a trastornos de la conducta alimenticia como la anorexia, la bulimia, u otros problemas como comer de manera impulsiva, que pueden persistir de por vida", expone Swinney.

En segundo lugar, dice la profesional, como padres de familia no debemos perder de vista que la principal influencia para nuestros hijos somos nosotros; de esta manera, si no nos ven comer fruta, verdura o tomar leche, tampoco ellos lo harán. Una tercera recomendación es hacer de las horas de comer momentos agradables de comunicación y convivencia familiar. Estos momentos son muy importantes para desarrollar las habilidades sociales, además de ser muy útiles para enseñar buenos modales en la mesa. "Si es posible", expone la autora, "integre a los niños en la elaboración de los alimentos y en la limpieza de la cocina después de comer. A nadie le cuesta trabajo recoger su plato, ponerlo en el fregadero e incluso lavarlo".

Una recomendación más para los padres es evitar al máximo que la hora de la comida se convierta en una lucha por el poder. Permitirlo puede desarrollar en el niño conductas negativas respecto a los alimentos.

> *"La hora de las comidas es para hablar y reír con todos los miembros de la familia."*
>
> *Tansy*

La sugerencia más difícil de tomar en consideración es la de aceptar las manías y remilgos de nuestros hijos como parte de un periodo de la vida, que tarde o temprano superarán. Y si no lo creemos, pensemos en nuestras mañas infantiles respecto a los alimentos. ¿A usted le gustaba todo lo que le daban de comer siendo niño?

Espinacas, berros, brócoli, eran vegetales que simplemente no podía ni ver. Me los servían y podía estarme dos horas contemplándolos frente a la asombrada mirada de mi mamá al ver la repugnancia que me causaban. Hoy, y lo digo con mucho orgullo, son mis preferidos y los puedo comer hasta el cansancio.

Mi esposo no puede ver las nueces y, por supuesto, Natalia no soporta ni el olor, pero José, quien tiene una magnífica relación con la comida, las come de muy buena gana.

"Mis hijos asistían a una escuela Montessori en donde las mamás éramos las encargadas de llevar el *lunch* para todos los niños una vez a la semana, y los pequeños lo mismo podían comer pastel de carne que ensalada de coliflor o alguna fruta. Ahí fue en donde aprendieron a comer de todo, y si bien no son fanáticos de la comida y haya algún platillo que rechacen, aprendieron a comer sin remilgos", expone María José Rodríguez, mamá de Pablo, de 11 años y de María, de nueve años.

Saber cómo introducir nuevos alimentos en la dieta de nuestros hijos, es otra de las recomendaciones. No conviene desesperarse si el niño no da brincos de felicidad al saber que hay algo nuevo en su plato; es mejor darle tiempo para que lo disfrute. Intentémoslo una y otra vez, no "tiremos la toalla" y tengamos paciencia.

Mi hijo no come bien, ¿estará desnutrido?

De acuerdo con el doctor José Alberto García, la desnutrición en los niños es un problema que se presenta con mayor frecuencia en los primeros cinco años de vida. Esta situación se da, la mayoría de las veces, por el consumo de dietas inadecuadas que ofrecemos los padres, y no necesariamente porque en nuestros hogares falten los alimentos, sino debido a conceptos equivocados de lo que un niño debe o no debe comer. El peso es, de acuerdo con el especialista infantil, el primer parámetro que debemos evaluar si queremos conocer el estado de nutrición de nuestros hijos, y si bien no hay que obsesionarse con el peso, si es necesario que el pequeño crezca de acuerdo con su edad. El otro elemento que debe considerarse en la evaluación de un niño desnutrido, es su comportamiento.

	PESO Kilogramos		TALLA centímetros	
	Niña	Niño	Niña	Niño
Mes 1	3.9	4.2	53	54
Mes 3	5.5	6	59.5	61
Mes 6	7.3	7.8	66	68
Mes 12	9.6	10	74.5	76
Año 2	12.3	12.5	85.7	87
Año 3	14.2	14.5	94	95
Año 4	16.2	16.5	101	102
Año 5	18.2	18.5	107	108
Año 6	20.3	20.7	113	114
Año 7	22.6	23.1	119	119
Año 8	25.3	25.7	124	125
Año 9	28.3	28.7	130	130
Año 10	32	31.9	136	135

"El niño con desnutrición leve mantiene su actividad física, sin embargo, se cansa más rápido que sus compañeros, empieza por estar distraído y se ve triste. En casos más avanzados, la actividad física del pequeño se ve afectada, ya no quiere jugar como antes, es poco activo y está afligido. Dentro del cuadro de desnutrición severa, el niño casi no se mueve y no se interesa por lo que sucede a su alrededor, es decir, se vuelve apático", explica el galeno. Una dieta balanceada y completa deberá incluir los tres grupos de alimentos en cada comida del día, que son: vegetales, cereales y proteínas. El alimento es fundamental para el buen crecimiento del chico, sin embargo, se deberá atender de inmediato cualquier situación que preocupe a la mamá, ya que las enfermedades repetidas y mal atendidas son causa de desnutrición.

A pesar de que los expertos nos recomienden asumir una posición respetuosa respecto a la alimentación de los niños, se debe pensar en la mejor forma de cubrir los requerimientos mínimos que el cuerpo necesita para funcionar adecuadamente. En palabras de Szamos, los padres son quienes ponen en el refrigerador y la alacena los alimentos que van a proporcionar esos requerimientos, son quienes eligen lo que va a estar en la mesa. "Elegir qué comer es un asunto personal y los adultos podemos ofrecer alternativas a los niños para que ellos ejerciten su derecho y responsabilidad de elección, podemos permitir que desarrollen hábitos de alimentación a partir de aquello a lo que nosotros le damos importancia."

"Estoy muy arrepentida de haberme preocupado tanto por evitar que mi hija Gina subiera de peso. Hoy tiene 11 años y ya está a dieta. Según el pediatra parte del problema es hereditario, pero la otra parte la causé yo por fastidiar tanto a la niña para que no comiera. Eso la obligaba a comer dulces y comida 'chatarra' a escondidas", dice Georgina García, mamá de Gina, de 11 años de edad y de Montserrat, de siete años.

Los expertos en nutrición señalan que, ni la delgadez es el sinónimo de desnutrición, ni la gordura de salud.

El sobrepeso es causado por un desequilibrio energético. Esto significa que la actividad física del pequeño es insuficiente para compensar el consumo de alimentos, aunque la genética juega un papel importante. Swinney señala que en nuestras ajetreadas vidas, los platos preparados y la comida rápida en cualquier restaurante sustituyen al almuerzo y a la cena tradicional. Al mismo tiempo, los juegos de computadora y la televisión están reemplazando la diversión al aire libre. Esto ha propiciado niños obesos o con cierta dosis de sobrepeso.

Enfrentar el problema sin angustia ni culpa es parte de la solución. Lo que sí debemos asumir como padres de familia es la responsabilidad de lo que permitimos y ofrecemos a los niños para comer.

José, mi hijo, es muy delgado y bastante alto. En peso está por abajo del promedio de los niños de su edad y en altura está por encima del mismo. Debo confesar que durante muchos años su delgadez me hacía sentir mal. Sobre todo cuando tenía que convencer a quienes lo conocían de que comía muy bien y que desde el día en que nació el médico me dijo que sería un niño alto y delgado. El niño era, y es, flaco y yo me sentía profundamente culpable de su peso, a pesar de que me esforzaba por alimentarlo bien. Esta culpa duró mucho tiempo hasta que un día me dediqué a observar lo bien que el niño comía. Alimentarlo no implicaba ningún tipo de guerra. El chico comía de todo, a veces hasta pedía le sirvieran nuevamente espinacas, verdura odiada por la mayor parte de la población infantil que conozco. Ese día asumí que debía dejarlo en paz respecto a su peso y al funcionamiento de su estómago. Juro que me quité de la espalda una gran carga. Con Natalia sucede exactamente lo contrario. Ella es delgada y pequeña, no come de todo y tiene una mamá que, a pesar de saber que la cantidad de comida ingerida es responsabilidad de la niña, la presiona todo el tiempo para que coma. La amenazo, la chantajeo, le suplico. Espero darme por vencida pronto porque pienso que parte del problema soy yo.

La mayoría de las mamás entrevistadas afirma que la alimentación ha sido un factor conflictivo en la relación con sus hijos. "Creo que nos falta información y conocimiento sobre los beneficios de algunos alimentos, sobre lo que necesita nuestro cuerpo y, principalmente, no tenemos confianza en los niños como para dejar que sean ellos sus propios reguladores alimenticios. Si los niños comen mucho nos quejamos y si comen poco también nos quejamos. Mi hijo Eduardo, come como si trabajara, pero Jorge, el pequeño, come como si estuviéramos en guerra", dice Ana María Gutiérrez.

Guadalupe de García también se lamenta porque, para su gusto, dos de sus hijos comen demasiado, mientras que la niña come casi nada.

Somos muy exageradas. La pediatra de Natalia y José, siempre me lo dice: "Señora, usted se queja de que Natalia no come y yo veo que crece y aumenta de peso".

Recuerdo que cuando José era muy pequeño yo sufría porque, desde mi punto de vista, el niño no comía. Un día la doctora me preguntó: "¿Qué comió el niño el día de hoy?" Respondí que había comido una pera en el desayuno, pollo con espinacas a mediodía y leche en la noche. "Señora", me dijo, "deje de lamentarse, usted de verdad no sabe lo que es tener problemas con un niño que no come. Podría comer sólo una manzana y un pedazo de tortilla y, aún así, seguiría pensando que su hijo come bien".

Alimentación y desarrollo

Una de las etapas más difíciles con mis hijos durante la lactancia se dio entre la semana 10 y la 12 después de su nacimiento. Recuerdo que José lloraba y lloraba porque se quedaba con hambre y yo me la pasaba con el bebé pegado a mí todo el día. Las sabias mujeres de la Liga de la leche me decían: "Por favor no vayas a desertar, a este periodo se le llama de 'crecimiento repentino' y son dos o tres semanas en las que el niño crece muy rápido y necesita más leche".

Según los expertos, la etapa más fácil de la alimentación infantil es precisamente la de los lactantes. Ninguna mamá que amamante a su hijo lo creería, menos aún si son las tres de la mañana y la hermosa criatura llora de hambre y nosotros hacemos hasta lo imposible por evitar cerrar los ojos y quedarnos dormidas.

Durante los primeros meses de edad, lo único que necesitan los niños es leche —materna de preferencia—. Llegados los cuatro o seis meses, de acuerdo con las convicciones de nuestro pediatra, les podemos ofrecer alimentos sólidos en forma de purés o papillas de fruta, verdura y después mezcladas con pollo, hígado, ternera. Esta etapa de la alimentación puede ser divertida o puede ser recordada como una tortura. Al año de haber nacido, los niños quieren comer solos, avientan todo fuera del plato, se levantan de la silla y "comen hasta por los codos". El mejor testimonio son las bocas llenas de puré de calabaza que abundan en nuestros álbumes fotográficos.

"Al final del primer año el niño habrá completado el periodo de crecimiento más acelerado de toda su vida: generalmente triplica el peso que tenía al nacer", señala Kathleen Moloney, autora del libro *Cómo alimentar a sus hijos*.

Otra etapa importante en el desarrollo de los pequeños es cuando alcanzan los tres años de edad. Durante este periodo, en el que literalmente están descubriendo el mundo, lo que menos les interesa es perder el tiempo comiendo y, si acaso logramos mantenerlos sentados, será por el interés de los menores en meter las manos al plato y sentir las texturas de los alimentos.

> *"La niñez es la época en la que se forja la estructura básica de la personalidad, se aprende a resolver problemas y se adquieren los conocimientos fundamentales en los cuales se finca la cultura. La alimentación es fundamental porque determina el desarrollo del niño en todos los aspectos: biológico, psicológico y social."*
>
> *Marván*

Durante esta etapa en el crecimiento del niño es importante enseñarles a establecer una buena relación con los alimentos. Más vale no caer en la tentación de permanecer preocupados porque pensamos que el chico no se alimenta como debiera. Durante este lapso tomemos las cosas con calma y veamos las cosas en perspectiva: los niños crecen muy rápido, así, el día menos pensado, dejarán de ensuciarse al comer, podremos platicar con ellos a la hora de la comida e incluso, ellos nos pedirán que les preparemos sus platillos favoritos.

Natalia Rojas tiene tres hijos, Sebastián, de 10 años de edad, Teresa, de ocho años y María, de cinco. Ella comenta que la experiencia de la alimentación con su primer hijo fue verdaderamente dura. "Todo el tiempo estaba tentada a llamarle al pediatra para que le mandara algún suplemento alimenticio porque veía que

Sebastián no comía y se le iba el tiempo en jugar. Lo hablé con una amiga, quien tiene hijos un poco más grandes que los míos, y me dijo que evitaba establecer horarios de comida en los momentos cuando sus hijos tenían energía al por mayor. Asimismo, les daba un par de bocados y les permitía retirarse de la mesa; a los pocos minutos regresaban por su siguiente cuota de comida. Cuando me habló de su experiencia, lo primero que me vino a la cabeza fue la imagen de un par de niños malcriados que comen a la hora que les da la gana y con una mamá que los solapa. Pero después pensé en la forma de comer de los hijos de mi amiga y recordé que son excelentes preadolescentes comiendo. Puse en práctica sus consejos, hace muchos años, y hoy mis tres hijos comen muy bien, principalmente Teresa, quien era la del paladar más difícil de agradar."

Entre los tres y los cinco años de edad, por lo regular los niños ya dominan el arte de comer y, generalmente, ya han sido incorporados al menú familiar.

Moloney afirma que una característica de los niños en edad preescolar es cierta susceptibilidad a lo que ven y oyen. "Lo bueno es que empiezan a imitar el buen comportamiento de los demás; lo malo es que comienzan a prestar atención a la publicidad y, mucho antes de saber la capital del estado en el que viven, conocen todos los detalles de los cereales y las galletas de su preferencia."

La siguiente etapa del desarrollo, cuando los niños ya van a la escuela primaria, es donde perfeccionan su relación con los alimentos nutritivos y con los no tan nutritivos. Moloney comenta que los escolares se dejan influenciar por los amigos y se sienten "irresistiblemente atraídos" por el encanto de las dulcerías y las máquinas que por una moneda sacan todo tipo de chicles, chiclosos y dulces. "Por favor, mamá, cómprame esos dulces, son los que anuncian en la tele y además todos mis amigos los comen", escuchamos decir a nuestro hijo.

En este periodo del crecimiento del pequeño, una de las comidas más importantes es el desayuno. Numerosos estudios han demostrado que los niños que desayunan bien son menos inquietos, se concentran mejor y pueden resolver problemas más fácilmente que los chicos que no desayunan.

En su libro *Dietas, los alimentos en la salud y en la enfermedad*, Leticia Marván ofrece una serie de recomendaciones alimenticias para poner en práctica con nuestros niños en edad escolar.

Conviene planificar almuerzos o comidas familiares apetitosas, variadas y equilibradas que permitan a los chicos gozar de la alimentación y de la hora de comer. También es importante incluir en el plan diario de alimentación el desayuno y, adicionalmente, un refrigerio suficiente de manera que se promueva el buen desempeño escolar y una adecuada actividad física. Durante el desayuno debe haber suficiente tiempo para que el niño coma sin prisa o ansiedad y logre una buena masticación. Valdría la pena planear el *lunch* o refrigerio escolar con la ayuda del menor. De preferencia busque bocadillos sabrosos, sencillos, fáciles de conservar y nutritivos.

"Mi hijo y yo elaboramos una lista con el *lunch* de toda la semana cada domingo por la mañana. Yo le ofrezco una variada selección de bocadillos y él los escoge y decide qué comerá cada día. Esto me facilita tanto la preparación como la adquisición de lo necesario", comenta Gabriela Remus, mamá de Guillermo, de once años de edad.

Simplifiquemos nuestra relación alimenticia con nuestros hijos: pensemos en sus requerimientos nutrimentales pero no nos preocupemos demasiado si el niño, de repente, adquiere algún extraño hábito como el de comer una sola cosa tres veces al día durante dos o tres semanas. Tampoco vale la pena agobiarse demasiado si come golosinas en alguna fiesta infantil. La clave es siempre tener el refrigerador y la alacena con alimentos nutritivos de manera que, si deciden visitarlos todo el día, nosotros tengamos la certeza de que se están nutriendo.

Haga atractivas las comidas para sus hijos. Ofrézcales:

Variedad: planee a la vez los alimentos para varios días o hasta para la semana. Esto le ayudará a la persona que se encarga de la planeación a no repetir las comidas muy seguido.

Color: piense en todos los colores diferentes de los alimentos. Las comidas llenas de colorido son más atractivas.

Textura: incluya alimentos que sean tostados, chiclosos y suaves. Estas características harán interesante el alimento para el chico.

Aroma: prepare comidas que tengan un buen olor. Hornear pan, cocinar con especias como la canela son ejemplos de aromas que estimularán el apetito.

Arreglos: coloque las comidas sobre el lugar apropiado y que no se toquen entre sí. A algunos niños no les gusta que esto ocurra. Ponga cuidado en cómo los alimentos se ven en el plato. Deben verse bien.

Selección: cuando sea posible, permita que los niños escojan la comida que les gustaría comer. Puede hacerlo al ofrecer una variedad diferente de frutas y vegetales.

Independencia: permita que los niños se sirvan ellos mismos. A los niños les gustará comer las comidas que se les ofrecen y empezarán a tomar responsabilidad de sus buenos hábitos alimenticios.

Preguntas

Una de nuestras preocupaciones centrales como padres de familia es la alimentación infantil.

1. ¿Creamos una atmósfera agradable para darle de comer a los niños?
2. ¿Nos esmeramos en arreglar bien la mesa para nuestros hijos, es decir, ponemos flores, mantel limpio, etcétera?
3. ¿Mentimos a nuestros hijos respecto a lo que les estamos dando de comer?
4. ¿Aprovechamos las horas de comer para regañar a los niños o tratamos de que sean momentos agradables?
5. ¿Recurrimos a actitudes suplicantes para que nuestros hijos se coman todo lo que les hemos servido?
6. ¿Sabemos cuáles son los platillos favoritos de nuestros hijos?

Mis conclusiones

3

De cómo entender el vocabulario nutrimental

¿Es usted de las típicas mamás que cuentan las raciones de proteínas, minerales y vitaminas que comen sus hijos diariamente? Yo no he llegado a ese punto de mortificación, pero durante algún tiempo, sobre todo cuando los niños eran pequeños, sí trataba de cubrir sus necesidades nutrimentales y me apegaba a todo lo que los libros decían. Eso no significa que hoy ya no me importe. Simplemente, el tema dejó de angustiarme. Tampoco me quita el sueño si en algún momento deciden comer un dulce. Tengo la fortuna de que mis hijos no se sientan muy atraídos por los sabores de las paletas, los dulces, los pastelitos ni las galletas. Tampoco los refrescos son de su agrado. Algo bueno me dejaron mis preocupaciones por evitar hacerlos fanáticos de las golosinas: mis hijos no son adictos a éstas.

Este capítulo no pretende ser un tratado de nutrimentos. Sin embargo, es un esfuerzo por transmitir a los lectores, de manera sencilla, algunas definiciones de nutrientes, de acuerdo con la Norma Oficial Mexicana (cuyo propósito fundamental es establecer los criterios generales que unifiquen y den congruencia a la orientación alimenticia dirigida a brindar nociones prácticas a la población con respaldo científico, para la integración de una alimentación correcta) y también de acuerdo con

la experiencia de algunas mamás en el arte de hacer comer a los niños.

Lo más elemental, y todos los padres de familia lo sabemos, es que los lácteos no pueden faltar en la etapa de crecimiento del niño ya que son indispensables para su desarrollo. Esto viene a colación porque desafortunadamente muchos de nosotros imponemos nuestros gustos y creencias en la alimentación de los hijos, eliminando productos cuya ausencia en el régimen de alimentación infantil puede generar serios problemas. Los expertos en nutrición están de acuerdo en que carnes, frutas y verduras, cereales, legumbres, lácteos y grasas de origen animal no deben faltar en el menú diario del niño. Sin duda alguna, las costumbres familiares determinan los gustos y las conductas alimenticias de éstos. El problema es cuando aplicamos a la alimentación de los chicos las recomendaciones que los médicos nos dan como adultos, privándolos de una serie de nutrimentos que son básicos para su organismo.

"El riesgo de estas actitudes es serio, ya que si bien hay factores del crecimiento que están determinados por los genes, es probable que si el infante no tiene una alimentación óptima en calidad y cantidad, ese potencial genético no se desarrolle en todas sus posibilidades o, incluso, su funcionamiento sea deficiente. Algunos casos pueden ser llevados a extremos peligrosos, como eliminar totalmente de la dieta diaria la leche, las carnes rojas o algunas verduras. Son precisamente esos alimentos los que, junto a otros productos, constituyen la materia prima para el desarrollo y crecimiento de un infante", destaca Raquel Burrows, endocrinóloga infantil del Instituto de Nutrición y Tecnología de Alimentos de Chile, en su artículo *Nutrientes esenciales, calorías por edad.*

La tradicional pirámide alimenticia en México ha empezado a sustituirse por el concepto del "plato del bien comer" y en éste se nos recomienda incluir al menos un alimento de cada grupo en cada una de las tres

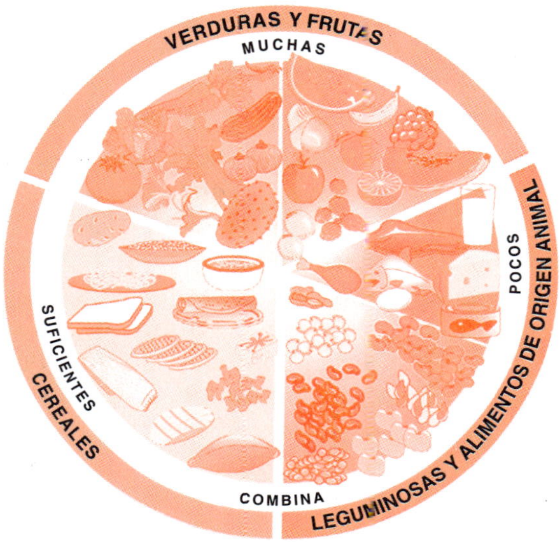

comidas del día; comer la mayor variedad posible de alimentos de acuerdo con nuestras necesidades y condiciones y consumir lo menos posible de grasas, aceites, azúcar y sal.

Kati Szamos afirma que los doctores, los científicos y los expertos en nutrición pueden proporcionar información de todo tipo sobre la buena alimentación, pero toca a los padres de familia y a los maestros la responsabilidad de aplicar esa información y apoyar el desarrollo gradual de conductas sanas en el menor.

Las vitaminas son básicas

El amor es al desarrollo emocional del niño lo que las vitaminas a su cuerpo, aunque —como afirma el especialista en nutrición Earl Mindell— el amor hacia los hijos nunca puede resultar excesivo.

Las vitaminas, consideradas como nutrientes esenciales para el funcionamiento del cuerpo, son las encargadas de regular y hacer que funcione normalmente el metabolismo del niño. Si bien el organismo requiere cantidades pequeñas, su ausencia pone en peligro a toda la maquinaria orgánica del niño.

> *"Para sobrevivir, es preciso consumir vitaminas, ya sea en forma de alimentos o de suplementos dietéticos."*
>
> *Mindell*

La **vitamina A**, por ejemplo, ayuda a la vista, a tener una piel saludable y ofrece resistencia a infecciones y bacterias.

Esta vitamina se puede obtener consumiendo verdura anaranjada o amarilla (zanahoria, calabaza, camote); consumiendo hojas verdes como brócoli, espinaca, acelga, nopal, perejil, cilantro. También se puede encontrar vitamina A en frutas como durazno, melón, chabacano, mango y mamey. El hígado de res contiene vitamina A, así como la leche entera, el queso y la mantequilla.

La **vitamina B**, en todas sus variedades, ayuda a favorecer el apetito, contribuye a la digestión, mantiene el funcionamiento normal del sistema nervioso, de los músculos, del corazón y mejora la actividad intelectual. La verdura verde contiene un poco de vitamina B, pero su despensa natural la encontramos en los cereales integrales como avena, amaranto y en el germen de trigo, almendras, nueces y pepitas de calabaza. El hígado, el pescado y los cacahuates también nos ofrecen esta vitamina.

La célebre **vitamina C**, tan recomendada para la temporada invernal, nos la ofrecen las frutas ácidas como la piña, la naranja, la guayaba, el limón y la toronja. El jitomate es fuente natural de ácido ascórbico o vitamina C. Los especialistas afirman que ésta contribuye a prevenir muchas clases de infecciones bacterianas y virales, actúa como laxante natural, disminuye los niveles de colesterol en la sangre y previene el resfriado común.

La **vitamina D** se obtiene con el efecto de los rayos solares sobre la piel y en alimentos como las sardinas, el salmón, el atún, productos lácteos y margarina. Una de las propiedades principales de esta vitamina es favorecer la formación de huesos y dientes fuertes.

La **vitamina E** es un antioxidante y contribuye a eliminar la fatiga. Se puede encontrar naturalmente en el germen de trigo, aceites vegetales, verduras como el bróculi, las coles de bruselas, cereales integrales, huevos y espinacas.

Respecto a la **vitamina K** se sabe que tiene efectos anticoagulantes y se puede encontrar en el yogur, alfalfa, yema de huevo, hojas verdes, leche y en el aceite de hígado de pescado.

Por lo que toca a la administración de suplementos vitamínicos para los niños, no todos los pediatras están de acuerdo en administrarlos. Preferentemente, sugieren a las mamás ansiosas, que el niño reciba las vitaminas que requiere de forma natural.

De acuerdo con el doctor José A. García, las vitaminas no tienen propiedades para abrir el apetito ni influyen en el aumento de peso del niño, por lo tanto, los padres no deberán ofrecerlas al chico con esa intención. "En una alimentación bien balanceada en donde se ofrezcan frutas, verduras, cereales y carnes, no debería contemplarse la adición de vitaminas extras ya que los mismos alimentos las contienen. Quizá existan periodos en la vida en donde sí deberían ofrecerse. Estos periodos serían durante el primer mes de vida y en la pubertad donde la demanda de vitaminas es excesiva, en este caso se deberá ofrecer, además de una dieta balanceada, una dosis diaria de vitaminas. Ofrecerlas a los niños sin una prescripción médica puede ser peligroso, ya que algunas de ellas, en dosis inadecuadas, intoxican al ser humano. Por lo tanto, sólo se deberán consumir cuando haya una alimentación deficiente o en caso de que se identifique alguna alteración específica por la falta de alguna de las vitaminas señaladas."

Norma Reyes, mamá de Daniel y Pilar, de 12 y nueve años de edad, respectivamente, afirma que su pediatra si bien no les ha recomendado vitaminas a sus hijos, tampoco se las ha prohibido, por lo que ella se siente más tranquila dándoles cada día una pastilla multivitamínica, además de que nunca les falta su vitamina C.

Aunque la mayoría de las mujeres entrevistadas afirmaron que no les dan vitaminas a sus hijos porque consideran que están bien alimentados, algunas si han tenido que recurrir a suspensiones que abren el apetito o a dosis adicionales de hierro en jarabe. La mayoría por prescripción médica.

La tarea de los minerales

Los minerales que necesita el cuerpo pueden obtenerse de varias fuentes, por ello, es importante ofrecer a los niños una dieta variada en donde incluyamos frutas, verduras, lácteos, carnes, semillas, leguminosas (frijoles, lentejas, habas) y tubérculos (conocemos principalmente la papa y el camote).

El **calcio**, en combinación con el fósforo, actúa en la formación de dientes y huesos y es uno de los minerales que más abunda en el organismo infantil. Este mineral ayuda al organismo a utilizar el hierro y favorece el paso de los nutrientes a través de las membranas celulares. El calcio se encuentra en los lácteos, salmón, sardinas, cacahuates, legumbres, hojas verdes, brócoli, almendras y en la col china. Además de mantener fuertes huesos y dientes, alivia los tradicionales dolores infantiles del crecimiento.

El **zinc** es un importante mineral en el cuerpo de nuestros niños, dicen que es el "policía de tránsito", quien controla los sistemas enzimáticos y celulares para el buen funcionamiento de los procesos fisiológicos. Además de contribuir a la formación de insulina, regula las contracciones musculares en el niño. También se dice que es necesario para el buen desarrollo del aparato reproductor y el funcionamiento adecuado del cerebro. Este mineral se puede encontrar en chuletas de ternera, germen de trigo, calabaza, semillas de girasol, levadura de cerveza y leche en polvo desnatada.

El **flúor** es otro mineral de primera necesidad para el fortalecimiento de los dientes y de los huesos. Se dice que contribuye a evitar la caries dental. Se puede encontrar en los mariscos, en las gelatinas y en el agua fluorada. El pediatra de mis hijos, al igual que muchos otros médicos, les mandó algunas gotas de flúor durante todo su primer año de vida para el buen crecimiento de los dientes.

Del **fósforo** se dice que tiene una gran importancia en todas las reacciones químicas fisiológicas del niño y es básico para la formación de huesos y dientes y el buen funcionamiento de los riñones y el corazón. Este mineral se puede encontrar en el pescado, el pollo, la carne de res, el huevo, los cereales integrales, las frutas secas y las semillas.

El **hierro**, uno de los minerales más importantes para el organismo, se puede encontrar en el hígado, las almejas crudas, las carnes rojas, la avena, los espárragos y en la yema de huevo. Sirve para evitar la anemia, aumenta la energía, proporciona un buen color a las mejillas de los niños, ayuda al crecimiento y favorece la resistencia a las enfermedades. El hierro tiene una función básica en la producción de hemoglobina.

El **potasio** mejora la capacidad de aprendizaje en los niños ya que transporta una mayor cantidad de oxígeno al cerebro. Favorece la eliminación de toxinas y ayuda a combatir la diarrea. Es importante saber que la falta de potasio puede generarse por estrés o por el consumo excesivo de alimentos muy azucarados. Su fuente natural la encontramos en el plátano, las papas, los cítricos, los berros y los vegetales de hojas verdes.

El **sodio** ayuda a mantener el calcio y otros minerales en la sangre y en combinación con el potasio regula los estímulos nerviosos. Se puede encontrar en la sal, los cereales, el tocino y los riñones de res.

El **yodo**, ubicado en su mayor parte en la tiroides, regula el metabolismo del organismo. Si le hace falta yodo al niño, los síntomas serán cansancio y aumento inexplicable de peso. Este mineral favorece el crecimiento, ayuda a la salud del pelo, las uñas, los dientes y la piel, además, aporta energía y vitalidad.

"Recuerdo que un día le pregunté al pediatra de mi hija María del Mar, de 11 años de edad, que si las manchas blancas de sus uñas se debían a una deficiencia de calcio, porque era lo que todo el mundo me decía.

Un sabio refrán dice que una persona puede vivir semanas sin alimento, pero sólo un día sin agua. La función del agua, como todos sabemos, es contribuir a la eliminación de los desechos y regular la temperatura natural del organismo. La leche materna es suficiente para satisfacer las necesidades de agua en los bebés, pero cuando empiezan a crecer, conviene familiarizarlos con el sabor del agua natural y tratar de que tomen entre cuatro y seis vasos de agua diariamente.

El médico se rió y me dijo que de acuerdo con las viejas creencias se pensaba que eso, en efecto, era falta de calcio, pero que en realidad es falta de zinc. Me sugirió que incluyera en su dieta alimentos ricos en este mineral como germen de trigo, huevos, levadura de cerveza y pepitas de calabaza. Seguí las indicaciones del doctor y, además, le di un suplemento de minerales y meses después las manchas desaparecieron", comenta María Pía Masón.

Las famosas proteínas

La primera vez que un especialista en nutrición me preguntó si comía suficientes proteínas, le respondí de forma afirmativa, pero sin saber siquiera lo que me estaba preguntando. Al llegar a casa comencé a buscar la definición del término y me di cuenta de que las proteínas son actores fundamentales en el organismo humano. En el caso de los niños, éstas sirven para formar tejidos nuevos y reparar las células dañadas, pero también intervienen en la formación de enzimas y de hormonas, contribuyen a que la sangre esté en equilibrio y ayudan a eliminar los desechos. ¿Algo más?

"Los países que en la actualidad han centrado sus dietas en proteína animal e hidratos de carbono han visto que la falta de verduras que proveen de vitaminas, nutrimentos inorgánicos y fibra, provocan un sinnúmero de enfermedades digestivas y obesidad."

Barros

Mindell afirma que en el proceso de digestión la proteína se descompone en compuestos menores llamados aminoácidos que, cuando llegan a las células del cuerpo de los niños, vuelven a convertirse en proteínas. Sabia la naturaleza, ¿no?, y aunque miles de proteínas están formadas por los mismos 20 aminoácidos, cada una cumple una función determinada.

Cabe aclarar, señalan los conocedores de los temas nutrimentales, que no todas las proteínas son completas, algunas son incompletas y es importante combinarlas para que cumplan adecuadamente su papel en el crecimiento de los pequeños.

Los productos animales son ricos en proteínas completas y los cereales, las harinas y algunas frutas y verduras son ricos en proteínas incompletas, por eso es necesario combinar ambas para contribuir al crecimiento del menor.

Sara López, mamá de Emanuel y Lorenzo, de 12 y 10 años de edad, respectivamente, afirma que ella siempre fue enemiga de mentirle a los niños respecto a la comida. Siempre creyó que si se le daba algún platillo al niño había que informarle de qué se trataba. Sin embargo, con el tiempo descubrió que su exagerada honestidad estaba afectando la alimentación de sus hijos y éstos eran cada vez más malos para comer. “Un día decidí que si no era por las buenas, entonces sería de otra manera y empecé a prepararles la comida añadiéndole mucha fruta, verdura, semillas, harinas integrales, etcétera. Me da pena reconocerlo pero hasta el día de hoy me ha funcionado. Diario les digo que les preparé lo que más les gusta comer y aprovecho, como dicen por ahí, ‘para meter mi cuchara’.”

Los carbohidratos: “villanos” de la alimentación

Así como hay proteínas completas e incompletas, también hay hidratos de carbono que sirven y otros que, definitivamente, debemos desechar de nuestras cocinas.

"Los hidratos de carbono se descomponen dentro de las células para liberar energía. La principal fuente de energía del cerebro es la glucosa del azúcar que proviene fundamentalmente del almidón de la dieta. Cuando el organismo dispone de suficiente energía, almacena los carbohidratos en el hígado, pero el hígado tiene un límite de almacenamiento, entonces los carbohidratos se convierten en grasa corporal", expone Earl Mindell en su libro *Todo sobre las vitaminas y la alimentación para los niños.*

Por supuesto, las grasas son tan necesarias para el adecuado funcionamiento del organismo como las proteínas o los hidratos de carbono, pero no en la misma proporción. Las grasas producen el doble de calorías por gramo que lo que producen los hidratos de carbono o las proteínas. Lo mejor para la salud del niño es que gran parte de las calorías que consume provenga en una mayor proporción de los carbohidratos que de las grasas. Mindell clasifica como hidratos de carbono malos: el azúcar blanca refinada, las papas fritas, pasteles y galletas, refrescos con gas, chocolates, chicles y cereales azucarados.

De acuerdo con la experta en nutrición Kati Szamos en su libro referido, por lo menos 20% de la alimentación de los niños consiste en azúcar blanca. Sea o no dañino a la salud la realidad es que la mayoría de los padres permiten que sus hijos beban refrescos, coman cereales permeados de azúcar, chocolates, bombones, pastelitos, etcétera. "Esta situación se presenta porque los adultos no queremos ser los tiranos de la historia", expone.

No se trata de que los expertos en nutrición o pediatría nos regañen, ni tampoco de convertirnos en unos puritanos de la alimentación, pero tengo la certeza de que es conveniente, por nuestra tranquilidad y el bien de nuestros hijos, ofrecerles alimentos sanos y nutritivos. Muchos padres de familia están convencidos de que será muy difícil quitar ciertos hábitos en el niño, afirmación con la que no estoy de acuerdo. En efecto, a ningún niño que lleva ocho, nueve o diez años comiendo dulces, tomando bebidas artificiales y mascando chicles le será fácil modificar sus convicciones alimenticias, pero los pequeños entienden muy bien si se les explican las razones de por qué tienen que dejar de consumir ciertos alimentos. Los médicos están seguros de que los menores son los mejores pacientes si se les habla con franqueza.

Yo tuve una experiencia que me lo confirmó. Mi hija Natalia padece migraña a sus cortos nueve años de edad y la sufre desde que tenía cinco años. Cuando la llevé al neurólogo él habló con ella y le pidió que dejara de comer ciertos alimentos que eran disparadores del dolor de cabeza. La niña lo entendió perfectamente y suspendió

> *"Es mejor que los padres se ocupen en proporcionar los materiales de construcción física e intelectual y evitar presionar a los pequeños para que rindan."*
>
> *Szamos*

todo aquello que le había anotado el doctor en una lista que pegamos en la puerta del refrigerador. Pero la migraña es muy testaruda y volvió, la llevé con una doctora experta y le restringió nuevamente dulces, papas fritas, fresas, chocolates, paletas enchiladas, etcétera. Natalia no es fanática de esos dulces, pero con lo que le dijo la doctora Katz los desechó nuevamente de su vida, y aunque reconoce que esta situación no será de por vida, también entiende que por su bienestar es mejor suspender ciertos alimentos.

> Los hidratos de carbono son la fuente primordial de energía para el cuerpo. Entre los alimentos ricos en hidratos de carbono están las frutas, las legumbres, los cereales y los productos a base de cereales, tales como el pan y la pasta (fideos, tallarines, etcétera). Las galletas, los pasteles y los *pays* también son alimentos ricos en carbohidratos.
>
> Existen dos tipos básicos de hidratos de carbono: los complejos, conocidos también como almidones, y los simples, conocidos como azúcares. Los complejos son mucho más nutritivos que los simples como el azúcar de mesa que hay en los postres dulces. Las frutas, los cereales y las legumbres contienen proteínas, vitaminas y minerales, además de azúcares y almidones, mientras que los dulces y los bombones no.
>
> *Cómo alimentar a sus hijos*, Katlheen Moloney.

Las grasas

Las grasas son una fuente concentrada de energía y por eso se dice que éstas tienen el más alto contenido de calorías. Los depósitos de grasa en el cuerpo aíslan y protegen los órganos vitales, además mejoran el sabor y la textura de muchos alimentos.

La grasa, de la que generalmente lo único que sabemos es que incrementa los niveles de colesterol, puede ser saturada (las grasas saturadas se encuentran principalmente en las carnes rojas, huevos, mantequilla y otros productos de leche entera) o puede ser insaturada, también conocida como "grasa buena". Esta última puede ser de dos tipos: monoinsaturada o poliinsaturada. La primera se encuentra en algunos aceites animales y en algunos aceites vegetales como el de oliva, el de cacahuate o el aguacate. Las poliinsaturadas se encuentran en los aceites vegetales como el de maíz, de cártamo, de girasol o de soya.

El tema de las grasas, que aparentemente debía ser motivo de preocupación exclusivamente de los adultos, se ha convertido en un controvertido tema en la nutrición infantil estadounidense. Ciertamente los niños necesitan algo de grasa en sus dietas para obtener la energía y las calorías necesarias para poder jugar y crecer adecuadamente. Sin embargo, la Asociación Americana de Cardiología ha exhortado a los padres de familia a que promuevan un menor consumo de grasas en los pequeños. A los niños de primaria y a los adolescentes se les recomienda limitar el consumo de grasa a 30% de las calorías que ingieren diariamente, repartidas en 10 por ciento de grasas saturadas, 10 de monoinsaturadas y 10 de poliinsaturadas. Por su parte, la Academia Americana de Pediatría recomienda un 35% de grasa en la dieta de los niños menores de cinco años.

Sin duda alguna, las pautas nutrimentales adecuadas en la niñez y en la adolescencia son una prioridad, ya que una dieta inadecuada en los primeros 10 años de vida no sólo repercute negativamente en el crecimiento y desarrollo, en la regulación metabólica y hormonal, sino también afecta a la salud en la vida adulta.

La fibra tan necesaria

Leticia Marván afirma que el concepto fibra se refiere a un conjunto de hidratos de carbono complejos que el organismo no digiere ni absorbe y no aporta energía como otros pero que es indispensable para el buen funcionamiento corporal.

Las fibras se pueden dividir en dos grupos básicos que tienen distintos orígenes y propiedades: las solubles y las insolubles. Las primeras facilitan la excreción de sustancias grasas como el colesterol y ayudan a regular la absorción de azúcares simples. Dentro de las solubles tenemos a la avena. Las otras dan consistencia a las heces fecales y facilitan la digestión. Asimismo, promueven la regularidad en la defecación previniendo el estreñimiento. Aquí se ubican las verduras, las frutas y el salvado.

> *"El concepto de dieta se ha desvirtuado, reduciéndola a una simple abstención o consumo determinado o indiscriminado de ciertos alimentos."*
>
> *González*

Para poder organizar una dieta con contenido normal de fibra, expone la experta en nutrición, no es necesario comprar productos que se anuncien como poseedores de alto contenido en fibra, sino consumiendo platillos tradicionales que incluyan alimentos variados. También se debe tratar de comer frutas y verduras de temporada en cantidades suficientes todos los días; escoger alimentos que aporten mayor cantidad de fibra por ración; comer diferentes tipos de leguminosas por lo menos dos veces a la semana; preferir el consumo de frutas enteras, si es posible con cáscara, y sustituir total o parcialmente harinas refinadas por sus presentaciones integrales.

Leticia Marván, dueña de una extraordinaria sensibilidad como especialista en nutrición, comenta que no es necesario aprenderse de memoria cada uno de los términos nutrimentales, tampoco es necesario contar las raciones de nutrimentos que les damos a nuestros hijos cotidianamente. Lo importante es ofrecerles comidas saludables y balanceadas. "Hablar de nutrición y de alimentación significa mucho más que hablar de un mero aspecto de la vida cotidiana de las personas; los hábitos alimenticios de cada individuo están vinculados a sus gustos, costumbres y experiencias. Por ello, hacer una comparación entre dos alimentos no tiene sentido, dejar de comer unos alimentos por otros tampoco, y prohibir el consumo de algunos productos menos aún", afirma Marván.

Preguntas

Para entender el vocabulario nutrimental preguntémonos:

1. ¿Conoce para qué sirven las vitaminas y los minerales?
2. ¿Cuáles son las diferencias entre las proteínas y las grasas?
3. ¿Sabe algo sobre la importancia de la fibra?
4. ¿Sabe cuáles son los carbohidratos "buenos"?
5. ¿Sabía que en México se ha ido sustituyendo paulatinamente la pirámide alimenticia por el plato del bien comer?
6. ¿Sus hijos comen de manera nutritiva y balanceada?

Mis conclusiones

4

Comer no es un castigo

"Cuando era niña, la comida me resultaba el momento más tortuoso del día. Era el tiempo en el que mis papás decidían arreglar cuentas con nosotros por las calificaciones, por lo mal que nos portamos la última vez en casa de los abuelos, porque peleamos con nuestro hermano menor, etcétera. ¿Y tú me preguntas si comer era un castigo? Claro que lo era", afirma Esperanza Maldonado. Sin embargo, y a pesar de esos malos recuerdos, ella ha tratado de que la hora de la comida sea un momento agradable para sus hijos y marido.

Los expertos afirman que muchos problemas alimenticios como podrían ser omitir comidas, alimentarse en exceso o comer una dieta monótona, tienen su origen en la niñez y el mejor momento para prevenirlos es durante las comidas. Tomemos el ejemplo de los amigos: generalmente quedamos con éstos para desayunar, almorzar, comer o cenar. ¿Por qué? Porque son momentos de relajamiento, tranquilidad y calma donde aprovechamos para hablar con ellos y no para reclamarles, criticarlos o cuestionarles su comportamiento. ¿Qué hacemos con los amigos? Escogemos un buen restaurante, en el que sirvan platillos suculentos y de preferencia buscamos un lugar tranquilo y alejado del bullicio citadino. Nos arreglamos bien, llegamos de buen humor y salimos satisfechos por tener momentos tan agradables. ¿Por qué no podemos hacer lo mismo con las comidas de nuestros hijos? En la mayoría de los casos porque los niños son remilgosos y nos pone de muy mal humor que no quieran comer. Un amigo jamás nos diría que la sopa que preparamos para él o ella es la que más odia y los hijos con la mayor desfachatez nos dicen "¡Guácala! ¿Crema de poro?"

Así, la hora de comer es un castigo para cualquier mamá.

Otro factor que influye para que la hora del almuerzo o la comida sea una tortura son los modales de los pequeños. José tiene el mal hábito de subir los codos a la mesa y Natalia, en lugar de comer, habla y habla hasta que la comida está fría y tiesa. Obviamente me la paso diciéndoles "José, los codos", "hijita, habla menos y come más", y por lo regular no hacen caso. Muchas veces me doy por vencida pero sé que aún

falta mucho camino por recorrer en materia de buenos modales.

Conozco a una mujer que, con tal que sus hijos no ensucien ni demuestren sus malos hábitos, ella les corta la carne, les enfría el arroz y decide cuánta crema deben ponerle a sus tacos de pollo. El problema es que los niños tienen 10 y 12 años de edad.

Erika Gavaldón, mamá de Daniela, de siete años, comenta que batallaba mucho para que su hija no hablara con la boca llena. "La niña nunca recordaba que debía mantener la boca cerrada mientras comiera. En definitiva le compré un manual de buenos modales escrito especialmente para niños y funcionó. Los personajes mantenían el interés de la niña y a la vez le enseñaban buenos modales."

Elizabeth Beltrán asegura que la mejor manera de enseñar buenos modales a los niños es con el ejemplo: "Mi marido y yo pedimos todo por favor, también damos las gracias, no hablamos con la boca llena ni subimos los codos a la mesa. Los niños aprenden mejor así, que enojándonos con ellos".

Maité Plazas, en su artículo *Que los niños aprendan y disfruten de una buena alimentación,* sugiere:

1. Planear lo que vamos a comer.
2. Comer alimentos variados y combinarlos.
3. Ofrecer la misma comida para todos los miembros de la familia.
4. Preparar higiénicamente los alimentos.

Asimismo, nos ofrece una serie de actividades de apoyo para evitar los malos momentos durante las comidas:

1. Hacer las comidas a la misma hora todos los días.
2. Comer sentados.
3. Apartar suficiente tiempo para comer tranquilos.

4. Establecer el hábito de lavarse las manos antes de cada comida y los dientes después de cada alimento.
5. Tomar en cuenta que las horas de la comida son para comer, disfrutar y compartir el momento.
6. Servir una comida sencilla en un ambiente agradable en lugar de una comida cara o muy elaborada en medio de regaños y pleitos.
7. Procurar comer en familia cotidianamente.
8. Evitar usar los alimentos como premios o castigos.

¿Cuántas veces no hemos amenazado a nuestros hijos con licuarles toda la comida a manera de puré y hacérselas comer si no se apuran o si no se terminan la ensalada? ¿Quién no ha convertido el postre en un preciado regalo para los niños, siempre y cuando dejen el plato de arroz limpiecito?

Las mamás nos valemos de todo tipo de trucos con tal de ver a nuestros hijos comer. Sin embargo, en lugar de obligarlos, deberíamos confiar más en ellos y en su propia naturaleza.

Nuestras obsesiones y preocupaciones respecto al crecimiento de nuestros hijos son, en síntesis, las que provocan que las horas de comer sean momentos insoportables para todos. Usted la pasa mal, pero el niño también la pasa fatal.

> *"Para un niño de tres años puede ser una tragedia, que lo haría rabiar, el que una rebanada de jamón o de pan no esté exactamente íntegra y le falte un pedacito minúsculo."*
>
> *Maldonado*

¿Crece mi hijo adecuadamente?

Téngalo por seguro. Aunque no los veamos comer como quisiéramos y creamos que están "chiquitos para su edad", los niños, en su mayoría, crecen.

Cabe resaltar que cada niño tiene su propio patrón de desarrollo y las tablas que emplean los pediatras para medir la curva de crecimiento de nuestros hijos son aproximaciones. Ni el peso ni el tamaño deben ser idénticos a los establecidos. Sin embargo, hay que estar muy alertas frente a cualquier señal que nos parezca extraña, como por ejemplo, que el peso o el tamaño del niño se encuentre muy por debajo de lo común; que su apetito haya disminuido notablemente, que engorde pero no crezca, que se muestre apático y cansado permanentemente. Nosotras, como mamás, nos podemos dar cuenta cuando estamos frente a una situación de esta naturaleza.

Natalia, mi hija, nació muy pequeña y muy delgada. Durante algunos años el pediatra veía que la niña crecía pero no como debiera y, por lo tanto, seguía su curva de crecimiento muy de cerca para evitar algún

El crecimiento normal

- A los cuatro meses se ha duplicado el peso que tenía al momento de nacer.
- Al año se ha triplicado el peso al nacer.
- Durante el segundo año, el niño aumenta algo menos que lo que pesaba al nacer.
- Después de los dos años el aumento de peso se hace constante, siendo de aproximadamente dos kilos y medio al año.

La estatura

- Durante el primer año la estatura aumenta 50% de lo que tenía al nacer.
- A los cuatro años la estatura es el doble de la estatura al nacer.
- A los trece años la estatura es el triple de la estatura al nacer.

Factores que afectan el crecimiento

- El peso y la estatura al nacer.
- A veces, el nacimiento prematuro afecta el crecimiento.
- La genética: estatura de padres y abuelos.
- El patrón individual de crecimiento.
- El medio ambiente.

Fuente: *Comidas sanas, niños sanos*, Bridget Swinney.

problema posterior. Se vigiló la alimentación de la niña y hasta ahora, a los nueve años, por primera vez su

estatura corresponde al promedio de las niñas más bajitas de su edad. A mí no me preocupa mucho porque proviene de familias delgadas y mi madre es muy pequeña. Pero, sobre todo, porque yo superviso lo que la niña come. Cumplo mi tarea adecuadamente: le ofrezco alimentos sanos y nutritivos y que la naturaleza haga su parte.

Cada familia enfrenta sus propios problemas respecto a la alimentación de sus miembros y la única manera de saber qué funciona y qué no con los niños, definitivamente es probar y probar hasta encontrar una solución acertada.

A continuación, se presentan algunas recomendaciones para que la comida sea un momento agradable. Éstas sintetizan las diversas acciones emprendidas por un gran número de mamás.

En primer lugar, es importante organizar un programa diario de comidas.

Siempre escuchamos a las mamás, incluyéndome, lamentarse de que nuestros hijos visitan la cocina toda la tarde. Pero, ¿cómo no va a ser así si los chicos necesitan comer cada tres o cuatro horas?, tres comidas fuertes y dos tentempiés acompañados de agua, leche o jugos. Organizar estos recreos alimenticios nos permitirá seleccionar lo más adecuado para los niños antes de que ellos pidan cualquier cosa.

Otra táctica que ha funcionado es la de planificar la última comida del día. Una buena merienda debe estar balanceada: pan, arroz o pasta; una fruta o vegetal; y una fuente de proteínas como la carne, el queso o los granos.

No debemos preparar platillos especiales para nadie de la familia. Todos deberán comer lo mismo. Muchas de nosotras caemos en el error de preparar una comida o cena para los niños y otra para los adultos. Es mucho mejor preparar una cena familiar completa teniendo en cuenta los gustos de todos y alcanzar la meta de crear una dieta balanceada que nos lleve a una alimentación sana.

Evitemos todo tipo de comentarios sobre qué y cómo están comiendo los niños. No olvidemos que nuestra parte en este negocio es la de ofrecer comida nutritiva. Dejémoslos comer en paz.

A muchas mamás les ha funcionado introducir paulatinamente comidas nuevas a las dietas de sus hijos. Si en los primeros intentos no funciona, intentémoslo nuevamente tres o cuatro días después. Es preferible no darnos por vencidos: el que persevera alcanza.

El desayuno es, a juicio de los expertos, la comida más importante del día, sobre todo para los niños. Después de siete u ocho horas de ayuno necesitan recuperar energía. Hagamos que los desayunos se conviertan en importantes fuentes de nutrientes e introduzcamos fibra, vitaminas y proteínas.

Las mamás más pacientes han involucrado exitosamente a sus hijos en la cocina. Afirman que si les damos la oportunidad de participar en la preparación de la comida, los chicos se mostrarán mucho más interesados en comer lo que ellos mismos han preparado.

A mí me ha funcionado. Algunas veces Natalia prepara el agua de limón, nos invita a todos a tomar y ella misma bebe hasta tres vasos.

Si seguimos al pie de la letra la consigna de que nosotros somos responsables de lo que le ofrecemos de comer al niño, entonces podemos evitar la entrada a nuestras casas de la irresistible comida "chatarra".

Las comidas procesadas industrialmente contienen altos niveles de colorante y químicos que no benefician. Si reducimos la cantidad de "comida chatarra" que hay en el refrigerador o en la despensa, la única opción del niño será comer frutas y otros alimentos nutritivos. Esto no significa que tengamos que erradicar de la vida de

nuestros hijos uno que otro dulce. Si les permitimos comer alguno de vez en cuando, ellos mismos los irán desterrando.

> *"Un aspecto muy importante del desarrollo físico infantil es el crecimiento del cerebro. Éste empieza a crecer antes del nacimiento. Crece más rápido durante los primeros meses de vida del niño. A los dos años de edad se ha desarrollado 75% aproximadamente y alcanza el tamaño máximo entre los seis y los diez años de edad. Los estudios han demostrado que la nutrición durante los primeros meses de vida puede producir un efecto cognitivo perdurable en el niño."*

Ellyn Satter afirma que muchas veces los padres se preocupan cuando sus niños comen entre comidas por lo que tratan de prevenirlo. Pero esto no es necesario ni útil. Los chicos requieren mucha energía y, en general, no pueden comer demasiado a la vez, así que conviene alimentarlos cada tres horas aproximadamente. Lo que sí es importante es que se les controle el tipo de alimentos que comen y cuándo los comen.

La experta en nutrición recomienda ofrecer bocados a los niños entre una comida principal y la otra. Sugiere que esperemos tiempo suficiente después de la comida fuerte para que los niños sepan que, si se niegan a comerla, deberán esperar un tiempo antes de poder ingerir algo. Así evitaremos que dejen la comida principal y enseguida empiecen a decir que tienen hambre. También es más fácil resistir las súplicas de los niños si saben cuándo se les va a dar un bocado.

Si los niños desayunan temprano y cenan (o comen) tarde, es posible que tengamos que darles bocados más de una vez. Es importante tratar de darles un refrigerio con proteínas, grasas y carbohidratos dos o tres horas después del almuerzo. Más tarde, ofrezcámosles algo más bajo en carbohidratos como jugos de fruta o galletas saladas.

Verónica Ovalle, mamá de Sofía y Julián, de 12 y nueve años, respectivamente, ofrece algunas recomendaciones que le han funcionado para regular los bocadillos que les ofrece a sus hijos entre comidas. "Elijo una hora razonable para darles el bocado y pongo la comida sobre la mesa. De esa forma, y sin que ellos se den cuenta, controlo la hora, el lugar y el tipo de alimento que van a comer. Si espero a que ellos me pidan algo, generalmente ya tienen una idea de lo que se les antoja y empieza la discusión. En mi manera de hacerlo, sólo les anuncio que en la mesa hay algunos bocadillos que pueden gustarles por si tienen apetito. Lo que más disfrutan es cuando preparo jícamas con limón y sal o galletas de avena."

Si optamos por este camino, que parece el más sensato y nada complicado, deberemos escoger platillos nutritivos. Si queremos que sus estómagos se mantengan satisfechos durante algunas horas, ofrezcámosles alimentos que tengan proteínas, grasa y carbohidratos. "Los bocados deben ser suficientemente sustanciosos como para llenar a un niño que tiene hambre", sugiere Ovalle.

Ideas para nutritivos tentempiés

Elizabeth Lozano, mamá de Diego de cuatro años y especialista en nutrición, nos hace algunas recomendaciones para preparar tentempiés.

Cereales

Productos de panadería —de preferencia elaborados con harina integral.

Galletas de centeno, pan árabe y galletas de grano integral. Sirva el pan y las galletas con queso, crema de cacahuate o un vaso de leche para añadir proteínas y grasas.

Cereales secos que pueden o no ir acompañados de leche para añadir proteínas y grasas. Agregue frutas secas, nueces y semillas para dar variedad y aumentar los nutrientes.

Palomitas de maíz con queso rallado en lugar de sal y mantequilla.

Jugos de fruta y verdura en lugar de bebidas de fruta hechas con polvo o en lata.

Se puede ofrecer leche para acompañar el pan, las galletas, el cereal, etcétera. Podemos mezclarla con plátano u otras frutas en una licuadora para hacer un licuado saludable. Para mejorar el sabor podemos recurrir al extracto de vainilla, miel, melaza o también un poco de azúcar.

Bocados de verduras

Corte verduras frescas crudas en trozos. Se pueden servir las verduras con crema de cacahuate, queso, requesón o leche para añadir proteínas y grasas.

Acompañe con galletas saladas o jugos de fruta para añadir carbohidratos. Las verduras recomendables son:

brócoli	nabo
chícharos	pepino
coliflor	zanahorias
ejotes	

Bocados de frutas frescas

Corte la fruta en rebanadas o sírvala entera. Acompáñela con crema de cacahuate, requesón, yogur, queso cottage o leche para añadir proteínas y grasas. Las frutas recomendables son:

duraznos	melones	piñas
chabacanos	naranjas	plátanos
fresas	nectarinas	toronjas
manzanas	peras	uvas

Bocados de fruta seca, nueces y semillas

Sirva la fruta seca con nueces, almendras, nuez de la India, cacahuates o semillas de calabaza, chayote y girasol, para añadir proteínas y grasas.

Las frutas secas nutritivas son:

ciruelas	fresas	peras
chabacanos	higos	piñas
dátiles	manzanas	plátanos
duraznos	nectarinas	uvas

Leticia Marván, en su libro mencionado, también nos ofrece algunas recomendaciones generales para gozar de la alimentación y nutrir sanamente al niño en edad preescolar y escolar.

Planificar comidas familiares apetitosas, variadas y equilibradas.

Incluir en el plan diario de alimentación un desayuno y un refrigerio suficientes de manera que el chico alcance un buen desempeño escolar y pueda realizar alguna actividad física adecuadamente.

Dar suficiente tiempo al niño para que desayune y pueda masticar adecuadamente los alimentos. Si es necesario, levántelo más temprano. Esto también aplica en periodos vacacionales.

Al planear los alimentos para el *lunch* o refrigerio escolar es importante ofrecerle al niño bocadillos sabrosos, sencillos, fáciles de conservar, económicos y nutritivos.

Tome en cuenta que la familia es la principal influencia en el desarrollo de hábitos de higiene y de alimentación. La conducta de los padres de familia es clave durante esta etapa, no sólo como ejemplo de cómo comportarse en la mesa, sino del tipo de alimentos que conviene ingerir. Por ello, es indispensable que la alimentación familiar sea completa, variada y sana.

Cuando planifique las comidas, es conveniente incluir a los niños en la selección y preparación de alimentos.

Es importante que la orientación de los padres respecto a lo que los niños deben comer sea firme y consistente, ya que muchas veces la publicidad y las cooperativas escolares interfieren en la formación de hábitos alimenticios y en la economía doméstica.

Es recomendable que el niño se siente a la mesa e ingiera sus alimentos con tranquilidad, que pueda disfrutar y aprovechar estos momentos como la oportunidad de comunicarse e integrarse familiar y socialmente.

Hay que evitar al máximo escoger la hora de la comida como el momento de los regaños y las llamadas de atención. Tampoco hay que comer deprisa.

No existe ningún alimento indispensable. Todos pueden ser sustituidos por uno equivalente. Así que no se enfrasque en pleitos con los niños por los alimentos. Si no les gustan las calabazas, por mencionar un ejemplo, busque algún sustituto.

Tenga siempre presente que, entre los dos y los siete años, el niño tiene muchos intereses distintos y lo que menos le preocupa es comer. Mejor dele de comer menos volumen con más frecuencia.

Aliméntelos con sentido común

Una recomendación más que nos dan tanto los expertos en nutrición como algunas mamás para evitar que la comida sea un castigo es cocinar de forma sencilla y con el mayor sentido común posible.

Para eso, dicen, es prioritario proveer nuestra despensa y refrigerador de alimentos saludables.

A continuación le presentamos un cuestionario que le puede ayudar a valorar la manera en que compra la comida. Solamente tiene que responder sí o no.

Autoevaluación

1. ¿Su refrigerador está bien provisto de leche?
2. ¿Regularmente compra productos bajos en grasa y carne sin muchos pellejos, también llamada carne magra?
3. ¿Compra esporádicamente papas fritas, pastelitos o alguna otra golosina?
4. ¿Compra con frecuencia salchichas o carne roja?
5. ¿Compra alimentos ricos en proteínas de diversos tipos incluyendo carne de res, pollo, pescado, queso y legumbres?
6. ¿En su refrigerador dispone siempre de verdura y fruta abundante y fresca?
7. ¿Compra habitualmente panes y cereales integrales?
8. ¿Compra eventualmente comida preparada?
9. ¿La lista de alimentos que la acompaña al mercado se parece a todo lo que se recomienda en la pirámide de los alimentos.
10. ¿Compra eventualmente alimentos para freír?

Si respondió que sí a las 10 preguntas entonces sus hábitos de compra de alimentos son muy razonables.

Entre seis y nueve preguntas con respuesta afirmativa, sus hábitos de compra pueden mejorar.

Cinco o menos preguntas con un sí, le recomendamos que lea con atención las siguientes recomendaciones que nos ofrece Bridget Swinney y compre con sentido común.

Siéntese un día a la semana a planear sus desayunos, comidas (o almuerzos) y cenas (o comidas) de toda la semana. Esto le permitirá saber qué necesita comprar, se sentirá menos tentada a pedir cualquier comida rápida vía telefónica. Asimismo, es conveniente pegar una lista en la puerta del refrigerador de manera que sepamos lo que se va terminando y necesitamos adquirir en nuestra siguiente visita al supermercado.

Compre exclusivamente lo que tiene en la lista.

Está comprobado que no conviene ir al supermercado cuando se está cansado o hambriento ya que se adquieren alimentos menos saludables y con mayor porcentaje de calorías.

Compre tomando en cuenta las prioridades alimenticias de su familia.

Cómo debe ser la alimentación de la familia

- Debe incluir una gran variedad de alimentos.
- Debe equilibrar el consumo de alimentos con una actividad física que se practique de forma regular para mantener o mejorar su peso.
- Debe mantener una dieta con abundantes cereales, verduras y frutas.
- Su dieta debe ser baja en grasas saturadas, en colesterol y en azúcares.

Preguntas

Todos sabemos lo importante que son los alimentos:

1. ¿Se complica la vida cada mañana pensando qué van a comer sus hijos?
2. ¿Tiene poco repertorio alimenticio? ¿Se ha preguntado por qué?
3. ¿Existen en su familia las rutinas para comer?
4. ¿Utiliza algún alimento de los que más le gustan a sus hijos para chantajearlos y coman bien?
5. ¿Compara la forma de comer y el crecimiento de sus hijos con los de otros niños?
6. Por no convertirse en "la villana de la película" o para evitar que le sigan insistiendo, ¿permite a sus hijos comer lo que ellos quieran?

Mis conclusiones

5

En busca de una alimentación nutritiva

"Como mamá que trabaja, me resulta muy difícil organizar la comida de toda la semana. Trato, pero siempre termino dándoles lo mismo. Les doy comida nutritiva, pero con poca variedad. No se me ocurre nada distinto a la tradicional sopa de fideo, arroz, jitomate con pepinos y carne o pechugas asadas", señala Berenice Corral, mamá de Andrea, de siete años de edad y Carolina, de cinco.

Mary Carmen Ibarra es una mamá que no trabaja fuera de casa, y tiene los mismos problemas con la alimentación de sus hijos: nunca se le ocurre nada. "Sé tan poco de alimentación. Nunca he encontrado un libro o una revista en donde me faciliten la tarea de cocinar. Me gusta mucho cocinar para mis hijos pero difícilmente se me ocurren platillos novedosos. Además, pienso que la variedad alimenticia es poco realista con los niños. A ellos no les gustan los platos muy condimentados o muy elaborados", expresa.

Hay una serie de cuestiones sobre el crecimiento del niño que nos convendría saber para, en función de eso, prepararles los alimentos. Por supuesto, no hay como ver a un hijo comer bien y de todo, pero en muchos casos eso no lo logramos sino hasta que rebasan los 18 años. Considero que tampoco vale mucho la pena romperse la cabeza pensando en preparar platillos sofisticados para la familia. Con tener en casa alimentos nutritivos y que cumplan los requisitos nutrimentales se puede hasta improvisar.

La clave del éxito en la cocina es combinar en cada comida alimentos de los tres grupos básicos para favorecer la suficiencia y el aporte completo de todos los nutrientes.

Existen diversas clasificaciones de grupos de alimentos. En este libro presentamos dos: la primera, considerada por muchos especialistas en alimentación como la más sencilla, se basa en el aporte nutrimental dominante y divide a los alimentos en tres grupos:

a) **Cereales, tubérculos, grasas y azúcares:** El aporte principal de este grupo es la energía y lo conforman el pan, la papa, la tortilla y el arroz. Asimismo, se incluyen la miel, el aceite, mermeladas y azúcares.
b) **Frutas y verduras:** Su principal aportación a la dieta humana son las vitaminas, los minerales y la fibra.
c) **Leguminosas y alimentos de origen animal:** El aporte básico son las proteínas y de este grupo forman parte los productos lácteos, el huevo, todo tipo de carnes y leguminosas como el frijol y la lenteja.

Otra clasificación de los alimentos es la que se denomina Sistema de Equivalentes la cual asocia alimentos en grupos, de manera que éstos puedan sustituirse o cambiarse unos por otros sin alterar el contenido energético de la dieta y el equilibrio de nutrientes. Este sistema agrupa alimentos y también especifica los tamaños de raciones de otros alimentos que son equivalentes. Es decir, que dan la misma cantidad de energía (por ejemplo, una rebanada de pan equivale a tres tazas de palomitas de maíz sin grasa).

El Sistema de Equivalentes asocia a los alimentos en nueve grupos diferentes: cereales, tubérculos, azúcares, grasas, leguminosas, carne, leche, frutas, verduras A y verduras B.

Marván recomienda planificar las comidas de acuerdo a la clasificación de los alimentos en tres grupos. Este esquema funciona si, además, se quiere comprar bueno y barato.

La inevitable comida "chatarra"

Como padres de familia debemos tener mucho cuidado al ofrecer a nuestros hijos botanas o refrescos embotellados, ya que esto puede derivar en enfermedades o en costumbres que alteren su salud en la vida adulta.

En su artículo *¿Es bueno que mi hijo consuma botanas y refrescos?* el doctor José Alberto García, miembro

Comparación de alimentos equivalentes

BARATOS	CAROS
Arroz (por kilo)	Arroz salvaje
Atún	Filete
Bolillo	Panes especiales
Calabacita	Flor de calabaza
Carne de puerco	Chuletas ahumadas
Carne molida	Filete
Chayote	Alcachofas
Espinacas	Huitlacoche
Falda	Tampiqueñas
Fresa	Frambuesa
Galletas nacionales	Galletas importadas
Lechuga	Berenjena
Melón	Uvas
Mero	Huachinango
Naranja	Chico zapote
Nopales	Espárragos
Papas	Papas fritas comerciales
Papaya	Kiwi
Pollo entero	Pechuga de pollo
Queso fresco	Queso gruyere
Salchichas	Jamón ahumado
Sandía	Mamey
Sardinas	Róbalo
Tortillas	Hojuelas de maíz

"Las gaseosas generan ventas anuales en la ciudad de México de entre mil 100 a mil 200 millones de pesos, cantidad que equivale a lo que la población capitalina gasta en arroz, tortilla y huevo juntos."

Asociación Nacional de Productores de Refrescos

del cuerpo de pediatras del Hospital Infantil "Federico Gómez", explica que cuando ofrecemos a los niños alimentos que no son productos naturales, debemos poner atención a los compuestos que los acompañan ya que algunos contienen grandes cantidades de sal, saborizantes, colorantes artificiales o compuestos industrializados, que en ocasiones pueden ser naturales, como en el caso del chile.

García también expone que todos estamos conscientes de que el consumo de sal en exceso en los adultos produce aumento en la presión arterial lo cual predispone a enfermedades del corazón en etapas tempranas de la vida. "El consumo de sal en los niños ha sido un tema controvertido, ya que hace algunos años se decía que esta práctica producía aumento de la presión arterial en ellos, sin embargo, investigaciones recientes han comprobado que esto no es de la magnitud de lo que se hablaba. Sin embargo, si a un niño se le acostumbra a que consuma sal, éste va a ser un adulto que lo haga en exceso, por lo que a los niños se les deberá enseñar a consumirla con moderación y evitar que se alimenten de las llamadas 'botanas', ya que éstas contienen una gran cantidad de sal, entre otros compuestos." Este tipo de alimento utiliza otros elementos para acompañar al sabor, como los productos enchilados, que además de contener grandes cantidades de sal, son poderosos irritantes para las vías digestivas, en especial para el estómago, por lo que no es ninguna sorpresa encontrar niños con dolor frecuente en el abdomen lo cual deriva en gastritis.

El invitado permanente: el refresco

Cada litro de refresco contiene aproximadamente 11.6 gramos de hidratos de carbono, que equivalen a entre 100 y 120 gramos de azúcar. La cantidad recomendable de consumo de azúcar al día son 25 gramos. Un litro de refresco bebido cuadruplica la necesidad diaria de azúcar. Los hidratos de carbono (equivalentes del azúcar) contenidos en una bebida gaseosa son simples: proveen de energía por un periodo corto y son absorbidos y digeridos por el organismo con facilidad, a diferencia de los hidratos de carbono complejos, contenidos en otros alimentos, cuya absorción lleva más tiempo pero estimulan al organismo por un espacio de entre cuatro y seis horas.

Datos de la Procuraduría Federal del Consumidor precisan que los refrescos de cola contienen 355 mililitros de cafeína: un tercio de lo que contiene una taza de café. La cafeína del refresco, acompañada con gas, puede actuar más rápidamente en el cerebro. Este alcaloide estimula la corteza cerebral, produce un pensamiento rápido y claro y aleja la pesadez y la fatiga. Pero la cafeína contenida en el refresco, si se consume con abundancia, altera la presión de la sangre, el ritmo cardiaco y el diámetro de los vasos sanguíneos. En organismos sensibles estimula la secreción de ácidos gástricos que ocasionan las úlceras.

Usted decide si lo destierra de su mesa familiar.

Leticia Marván afirma que los expertos en nutrición se enfrentan cotidianamente a preguntas como "¿qué es mejor comer: pan o tortilla?, ¿qué puedo darles de comer a mis hijos para que en la fiesta infantil de esta tarde no coman salchichas, papas fritas ni dulces?". "Lo primero que tenemos que hacer es preguntarle a los pacientes qué prefieren comer, qué les gusta, a qué están acostumbrados y en función de eso elaborar un plan nutrimental. La gente piensa erróneamente que comer sano significa comer lo que no les gusta, y están dispuestos a sacrificarse sin disfrutar la comida. Desafortunadamente tiene más cabida la adopción de conductas absurdas que la restauración de hábitos alimenticios adecuados que son más sencillos de seguir de lo que se piensa", expone la especialista.

Al ser cuestionada sobre la comida "chatarra", afirma que "no existen alimentos y nutrimentos buenos ni malos, o sanos o dañinos por sí mismos, si se va a emitir un juicio, éste deberá estar orientado por la dieta en su conjunto y los hábitos de vida del individuo y no solamente por el consumo aislado de algún alimento". Si una dieta se basa en el consumo de un solo tipo de alimentos, será desequilibrada y podríamos calificarla como "dieta chatarra". Aun cuando el alimento que consumamos sea considerado como saludable o como portador de vitaminas y proteínas desde el punto de vista nutrimental.

En capítulos anteriores se mencionó la definición de salud de la Organización Mundial de la Salud: es el pleno bienestar biológico, psicológico y social del individuo. La alimentación es parte medular de la salud por lo que una dieta debe satisfacer necesidades biológicas, psicológicas y sociales.

El siguiente cuadro puede resultar de mucha ayuda para comprender las características de una dieta sana.

De acuerdo con la literatura especializada, el establecimiento de un patrón alimenticio saludable incluye entre seis y 11 porciones de granos por día: pan, cereales, arroz, pastas y tortillas. Los derivados de los granos contienen carbohidratos, vitaminas, hierro y fibra. Los

Característica de la dieta	Dimensión de la alimentación	Significado
Completa	Biológica	Debe contener todos los nutrimentos, incluyendo alimentos de los tres grupos básicos en cada comida: 1. Cereales y tubérculos; 2. Frutas y verduras, y 3. Leguminosas y alimentos de origen animal.
Adecuada	Biológica, psicológica y social	La dieta debe adecuarse a las condiciones fisiológicas del individuo, a su edad, estado de salud y actividad física. Asimismo, debe corresponder con sus circunstancias particulares: ocupación, presupuesto, costumbres, clima y zona geográfica de residencia.
Variada	Psicológica y social	La dieta debe ser un satisfactor de los sentidos con colores, sabores, texturas, olores y formas diferentes. Hay que incluir diferentes alimentos y platillos en cada comida. Comprar frutas y verduras propias de la estación. Preparar los alimentos de acuerdo a diferentes recetas o técnicas culinarias.

Inocua	Biológica y social	Esto quiere decir que la dieta no debe implicar riesgos para la salud ya sea por la forma en que se prepara o bien por la calidad de los alimentos. No debe contener sustancias tóxicas o dañinas. También significa que debe comerse con mesura a fin de evitar daños.
Suficiente	Biológica y social	Debe ser suficiente para que la persona sacie su hambre y los nutrimentos deben cubrir las necesidades del individuo.
Equilibrada	Biológica	La proporción entre nutrimentos debe favorecer la salud: no debe contener excesos ni deficiencias de algún nutrimento de manera que se puedan aprovechar al máximo.
Agradable	Social	Que comer sea un placer personal y social. Se debe comer en un clima de tranquilidad y sin prisas. La hora de la comida debe ser un momento de convivencia agradable y no de tensión, reclamos, regaños.

Fuente: *Publicación periódica la Gaceta de Excelencia Educativa, número uno, México 2000, Leticia Marván.*

niños requieren de los granos como fuente de energía para crecer, desarrollarse y aprender, así como para mantenerse físicamente activos. Los carbohidratos complejos y los azúcares son una valiosa fuente de energía. Recuerde, entre más vitaminas y minerales existan por porción alimenticia, más nutrimentos habrá para el crecimiento y desarrollo del pequeño.

Respecto a las frutas y los vegetales, éstas suministran carbohidratos, vitaminas A y C, así como ácido fólico, los cuales contribuyen para la salud de los ojos, la piel y la sangre. Procure que su familia consuma entre dos y cuatro porciones diarias de frutas, tales como fresas, naranjas y duraznos; igualmente, consuma entre tres y cinco porciones de vegetales como zanahorias, calabazas y brócoli. Incluya entre dos y tres porciones de leche, yogur y queso, como fuentes de proteína, calcio y vitamina D, las cuales contribuyen al fortalecimiento de huesos y dientes. Así como, dos o tres porciones de carne, pollo, pescado, frijoles y huevos, para suministrar proteínas y hierro, útiles para la formación de los músculos.

En México, para fines de orientación alimenticia, de acuerdo con lo establecido en la Norma Oficial Mexicana 2001, se identifican tres grupos de alimentos.

Los especialistas nos recomiendan mostrar a los niños el cuadro alimenticio y explicarles cómo usar la información que contiene, de manera que les ayude a establecer un patrón alimenticio saludable. Los empaques de casi todos los alimentos tienen una sección sobre datos nutrimentales y la lista de ingredientes. Busque la información sobre grasa total, grasas saturadas, total de carbohidratos y de azúcares, fibra alimenticia, proteínas, vitaminas tales como A y C, y minerales tales como calcio y hierro.

1. Verduras y frutas
   1.1 Ejemplos de verduras: acelgas, verdolagas, quelites, espinacas, flor de calabaza, huauzontles, nopales, brócoli, coliflor, calabaza, chayote, chícharo, tomate, jitomate, hongos, betabel, chile poblano, zanahoria, aguacate, pepino y lechuga, entre otras.
   1.2 Ejemplos de frutas: guayaba, papaya, melón, toronja, lima, naranja, mandarina, plátano, zapote, ciruela, pera, manzana, fresa, chicozapote, mango, mamey, chabacano, uvas y sandía, entre otras.

2. Cereales y tubérculos
   2.1 Ejemplos de cereales: productos de maíz como la tortilla y otros productos de nixtamal, productos de trigo como pan, galletas y pasta; arroz, avena, cebada y amaranto.
   2.2 Ejemplos de tubérculos: papa, camote y yuca.

3. Leguminosas y alimentos de origen animal
   3.1 Ejemplos de leguminosas: frijol, haba, lenteja, garbanzo, arveja, alubia y soya.
   3.2 Ejemplos de alimentos de origen animal: leche, queso, yogur, huevo, pescado, pollo, carnes rojas y vísceras.

Para que la alimentación cumpla con el requisito de satisfacer las necesidades sociales del individuo es conveniente consumir productos de la estación ya que son mucho más baratos y duran mayor tiempo. La disponibilidad de frutas y verduras propias de la estación del año depende del área geográfica y las condiciones climatológicas y será necesario adecuarla a las características propias de cada localidad.

En México, la Procuraduría Federal del Consumidor ha elaborado el siguiente listado que nos puede ayudar a comprar más barato y de mejor calidad.

Verduras de temporada

ENERO		FEBRERO		MARZO	
acelga	coliflor	acelgas	chícharo	acelgas	elote
ajo	elote	ajo	chile poblano	ajo	espinacas
berenjenas	espinacas	apio	ejote	calabaza	jitomate
betabel	jitomate	berenjena	espinacas	cebolla	lechuga
calabaza	lechuga	betabel	jitomate	chayote	nopales
cebolla	rábano	calabaza	lechuga	chícharo	papa
chile poblano	zanahoria	cebolla	nopales	col	pepino
col		chayote	papa	coliflor	rábano
		col	pepino	ejote	romeritos
		coliflor	rábanos		zanahoria

ABRIL		MAYO		JUNIO	
acelgas	ejote	acelgas	chile poblano	acelgas	chile poblano
ajo	espinacas	ajo	elote	ajo	ejote
apio	jitomate	apio	espinacas	apio	elote
calabaza	lechuga	berro	jitomate	berro	espinacas
cebolla	nopales	calabaza	lechuga	calabaza	jitomate
chayote	papa	cebolla	nopales	cebolla	lechuga
chícharo	pepino	chayote	pepino	chayote	pepino
coliflor	zanahoria	chícharo	verdolagas	chícharo	nopales
		coliflor	zanahoria	coliflor	verdolagas
					zanahoria

JULIO		AGOSTO		SEPTIEMBRE	
ajo	ejote	apio	chile poblano	acelgas	ejote
apio	elote	betabel	ejote	betabel	elote
calabaza	jitomate	calabaza	elote	berenjena	espinacas
cebolla	lechuga	cebolla	jitomate	calabaza	jitomate
chayote	nopales	chayote	papa	cebolla	lechuga
chícharo	pepino	chícharo	pepino	chícharo	papa
chile poblano	rábano	col	tomate	chile poblano	pepino
col	verdolagas	coliflor	zanahoria	col	tomate
coliflor	zanahoria			coliflor	zanahoria

OCTUBRE		NOVIEMBRE		DICIEMBRE	
acelgas	espinacas	acelgas	ejote	acelgas	espinacas
betabel	jitomate	betabel	espinacas	betabel	jitomate
berenjena	lechuga	calabaza	jitomate	camote	lechuga
calabaza	papa	calabaza de castilla	papa	calabaza	romeritos
chile poblano	pepino	camote	tomate	col	zanahoria
col	tomate	col	zanahoria		
ejote	verdolagas				
elote	zanahoria				

Frutas de temporada

ENERO		FEBRERO		MARZO	
aguacate	mandarina	aguacate	mamey	aguacate	melón
caña	naranja	chirimoya	melón	chicozapote	naranja
chicozapote	papaya	coco	naranja	coco	papaya
chirimoya	piña	fresa	papaya	fresa	piña
coco	plátano	granada china	piña	guanábana	plátano
fresa	tejocote	guayaba	plátano	limón	sandía
granada china	toronja	guanábana	toronja	mamey	toronja
guayaba	tamarindo	limón	tamarindo	mango	tamarindo
jícama	uva	mandarina			
lima	zapote negro				
limón					

ABRIL		MAYO		JUNIO	
fresa	naranja	chabacano	melón	aguacate	mango
guanábana	papaya	ciruela	papaya	chabacano	melón
kiwi	piña	higo	pera	ciruela amarilla	papaya
limón	pitaya	kiwi	piña	ciruela roja	pera
mamey	plátano	limón	pitaya	durazno	perón
mango	sandía	mamey	plátano	granada roja	piña
melón	toronja	mango	sandía	higo	pitaya
	tamarindo			kiwi	plátano
				limón	sandía
				mamey	uva

JULIO		AGOSTO		SEPTIEMBRE	
capulín	manzana	capulín	manzana	capulín	manzana
chabacano	melón	chabacano	melón	chabacano	melón
ciruela amarilla	membrillo	ciruela amarilla	membrillo	ciruela amarrilla	membrillo
ciruela roja	papaya	ciruela roja	papaya	ciruela roja	nuez de castilla
dátil	pera	durazno	pera	dátil	papaya
durazno	perón	granada roja	perón	durazno	pera
granada roja	piña	guayaba	plátano	granada roja	perón
higo	plátano	higo	sandía	guayaba	plátano
limón	sandía	limón	uva	lima	sandía
mango	tuna	mango	tuna	limón	toronja
	uvas			mango	tuna
					uva

OCTUBRE		NOVIEMBRE		DICIEMBRE	
aguacate	manzana	aguacate	limón	aguacate	lima
chico-zapote	naranja	caña	limón real	caña	limón
chirimoya	nuez de castilla	chico-zapote	mandarina	chico-zapote	limón real
dátil	papaya	chirimoya	naranja	chirimoya	naranja
durazno	pera	dátil	nuez de castilla	dátil	papaya
guayaba	perón	granada china	plátano	fresa	plátano
					tamarindo

lima limón limón real mandarina	plátano tejocote toronja uva	guayaba jícama lima	tejocote toronja zapote negro	granada china guayaba jícama	tejocote toronja zapote negro
Fuente: PROFECO. Unidad de Alimentación y Nutrición.					

De acuerdo con la Secretaría de Salud y plasmado en la NOM (Norma Oficial Mexicana), le presentamos el contenido de una gran variedad de alimentos que nos puede ser de gran ayuda en la elaboración de nuestros menús familiares.

Fuentes de:

1. Hierro:

1.1 Alimentos de origen animal: hígado, moronga, carnes rojas, huevo y mariscos.

1.2 Leguminosas: frijol, lenteja, habas y garbanzos secos.

1.3 Verduras: yerbamora, chiles secos, tomatillo, calabacita redonda, huauzontles, hojas de chaya, quelites, hongos, espinacas, col de bruselas, acelgas y chile poblano.

1.4 Otros: frutas secas, cacahuates y nueces.

2. Vitamina C:

2.1 Verduras (principalmente crudas): chile poblano, hojas de chaya, chile, col de bruselas, pimiento rojo, coliflor, yerbamora, brócoli, miltomate, chile seco, chícharos, habas verdes, tomatillo y huauzontles.

2.2 Frutas: guayaba, marañón, nanche, kiwi, zapote negro, mango, limón, mandarina, papaya, fresa, toronja, naranja, tejocote y melón.

3. Carotenos:

3.1 Verduras: chiles secos, hojas de chaya, chipilín, zanahorias, quelites, jitomate, miltomate, acelga, tomatillo, espinacas, berros, romeritos, verdolagas, nopales, huauzontles, calabaza amarilla y aguacate.

3.2 Frutas: tejocote, mango, chabacano, melón, mandarina, marañón, plátano macho, ciruela, guayaba, plátano tabasco, mamey, higo, zarzamora, y guanábana.

4. Fibra dietética:

4.1 Cereales: tortillas y otros productos de nixtamal, cebada, salvado, avena, harinas integrales, pan y cereales integrales.

4.2 Verduras: brócoli, colecitas de bruselas, col, zanahoria, coliflor, elote, chícharos, espinacas y nopales.

4.3 Frutas: chabacano, plátano, moras, dátiles, higos, guayaba, pera, naranja y toronja en gajos.

4.4 Leguminosas: frijol, lentejas y cacahuate.

4.5 Otros: orejones de chabacano o durazno, ciruela pasa, pasas, almendras y nueces.

5. Calcio:

5.1 Cereales: tortillas y otros productos nixtamalizados.

5.2 Alimentos de origen animal: queso, leche, yogur, acociles, sardinas, charales y boquerones.

6. Ácido fólico:

6.1 Alimentos de origen animal: hígado y otras vísceras.

6.2 Verduras: berros, espinacas, lechuga, espárragos, betabel, acelgas, alcachofas, brócoli, coliflor, chícharo, poro, aguacate, col y elote.

6.3 Frutas: naranja, plátano.

Recomendaciones para la preparación, consumo y conservación de alimentos.

1. Preparación:

1.1 Utilizar agua hervida o purificada y conservarla en recipientes limpios y tapados.

1.2 Consumir leche pasteurizada, hervida o evaporada. La leche bronca debe hervirse sin excepción.

1.3 Cocer o freír bien los pescados y mariscos.

1.4 Consumir la carne de res o de puerco bien cocida.

2. Utensilios:

2.1 Evitar el uso de utensilios de barro vidriado para cocinar o conservar alimentos, ya que contienen plomo.

3. Higiene:

3.1 Lavarse las manos con agua y jabón antes de preparar los alimentos y comer.

3.2 Evitar toser o estornudar sobre los alimentos al prepararlos.

3.3 Lavar bien con agua limpia y fibra las frutas y verduras.

3.4 Desinfectar las frutas y verduras que no se puedan tallar. Lavar las verduras con hojas, hoja por hoja, bajo el chorro de agua.

3.5 Limpiar los granos y semillas secos y lavarlos bien.

3.6 Lavar bajo el chorro de agua las carnes y el huevo antes de cocinarlos.

3.7 Consumir los alimentos, de preferencia, inmediatamente después de cocinarlos.

3.8 Mantener en el refrigerador o en un lugar fresco y seco en recipientes limpios y tapados los sobrantes o alimentos que no se van a consumir en el momento. Antes de consumirlos volver a calentarlos hasta que hiervan.

3.9 Cuando las latas estén abombadas, abolladas u oxidadas, deben desecharse.

La siguiente lista de alimentos es útil como guía para conformar una alimentación correcta y evitar consumos excesivos.

Productos con elevado contenido de sodio, azúcar o grasa.

1. Sodio:
   * sal de mesa, con ajo, cebolla, apio, etc.
   * ablandador de carne
   * productos enlatados en salmuera (verduras)
   * botanas industrializadas fritas
   * consomé en polvo o cubos y sazonadores
   * salsa de soya, inglesa y de tomate "catsup"

* polvos de hornear y bicarbonato de sodio
* carnes y pescados salados: bacalao, machaca, cecina
* embutidos y carnes frías

2. Azúcar:

* azúcar de mesa y piloncillo
* miel de abeja, jarabes (maíz, arce o maple, entre otros)
* mermeladas, jaleas y ates
* polvos para preparar aguas, bebidas para deportistas y refrescos
* dulces, chocolates y frutas cristalizadas
* pasteles y pastelillos
* cereales industrializados y dulces
* leche condensada y cajeta

3. Grasas y aceites:

* manteca vegetal y de cerdo
* aceites vegetales (girasol, soya, cártamo, maíz, etc.)
* mantequilla y margarina
* mayonesa y aderezos para ensalada
* embutidos y carnes frías
* tocino y chicharrón
* crema y queso crema
* botanas industrializadas fritas
* chocolates
* piel de pollo, grasa que acompaña a las carnes, etc.

Cuide lo que su hijo lleva a la escuela

Las investigaciones realizadas en diversos países del mundo coinciden en señalar que los niños que van a la escuela sin haber desayunado adecuadamente presentan un menor rendimiento escolar y tienden a sentirse fatigados en menos tiempo que los chicos que toman un desayuno completo. Por eso es importante tener especial cuidado en lo que les enviamos para que coman como *lunch* o refrigerio.

Isabel Margain, mamá de Ana, de 11 años, Fabián, de nueve y Sebastián, de seis, afirma que sufre todos los días por no saber que enviarles a los niños como refrigerio. "Todas las mañanas, además de despertarme de buen humor, tengo que lidiar con las carreras matutinas que implican los niños, mi marido, los uniformes, el desayuno, el automóvil del vecino que me estorba para poder mover el mío y, cuando le toca el turno al *lunch*, meto en las loncheras de los niños cualquier cosa porque no se me ocurre nada ni tengo tiempo de prepararles algo especial."

El especialista en nutrición, Juan Delgado, asegura que entre los dos y los 13 años, considerados como las etapas preescolar y escolar del niño, las necesidades alimenticias de los infantes se cubren con una dieta balanceada y no es necesario recurrir a los complementos vitamínicos. Sin embargo, un refrigerio a media mañana puede ayudarles a recuperar la energía y la fuerza que requieren cotidianamente. "Las encargadas de los niños, no deben ver el *lunch* como un sustituto del desayuno. Yo, como padre de familia, he escuchado a más de una persona decir 'si el niño no quiere desayunar que no lo haga, que se coma su *lunch* y listo'. Pensar así es un grave error ya que para que el pequeño tenga el rendimiento esperado necesita un desayuno completo y adecuado."

Leticia Marván coincide y afirma que un desayuno nutritivo es necesario. “El almuerzo escolar —también conocido como colación, refrigerio o tentempié— favorece el aporte de energía que los infantes necesitan durante su jornada escolar, pero nunca es indispensable.”

Georgina Montero cuenta que en el jardín de niños donde estudiaron sus hijas, la hora del *lunch*, más que un momento para alimentarse, era la oportunidad para que los niños aprendieran a comer, a poner una mesa, a lavarse las manos y a compartir los alimentos con sus compañeros. “Las maestras siempre nos recomendaban que los mandáramos bien desayunados”, recuerda.

Marván explica que el *lunch* debe ser nutritivo y poco abundante. “Si una noche antes las mamás se toman unos minutos para planear el refrigerio de sus hijos, evitarán que esta decisión se convierta en una batalla por la elección de los comestibles, justo cuando llega el momento de salir hacia la escuela. Por otra parte, si lo

planeamos con anticipación y nuestros hijos son mayores de tres años ellos mismos nos podrán sugerir diferentes refrigerios. Involucrar al niño en la elección es muy aconsejable ya que al invitar al menor a participar en la decisión se le fomenta hábitos alimenticios adecuados y se le enseña a hacerse responsable de sus propias elecciones."

La cooperativa escolar

Muchas veces hemos escuchado a las mamás lamentarse de que los niños llegan sin hambre a casa después de la escuela. ¿A qué se deberá? La mayoría de las mamás entrevistadas coincide en culpar a la "tiendita escolar" que les vende todo tipo de dulces, bebidas y panes sin la supervisión de los maestros ni de nadie más. Todos los padres de familia sabemos que la cooperativa escolar poco contribuye a la sana alimentación de los niños. Por eso, y para evitar el consumo de nuestros hijos de lo que se vende en la tienda, los expertos sugieren que despertemos a nuestros hijos unos minutos antes de la hora a la que están habituados y les sirvamos un abundante desayuno. Esto significa que en lugar de ofrecerles solamente un jugo y un plato de cereal —que se digiere fácilmente— hay que prepararles huevos, frijoles, fruta, verdura o un poco de jamón. Las grasas tardan más tiempo en digerirse evitando que el niño sienta demasiado apetito durante el recreo.

"Mi hija difícilmente se toma un vaso con leche o un licuado. Ésa es la razón por la que, además de enviarle su refrigerio, le doy dinero. Así, si se le antoja algo de lo que comen sus compañeritos no se quedará con las ganas", expone Virginia Ponce, mamá de Paloma, de diez años de edad.

El doctor José Novoa, en su libro *¿Qué debe comer mi hijo?*, señala que muchos niños desayunan muy mal y llegan a consumir lo que les vende la tienda de la escuela. Esos productos se encuentran muy lejos de contener nutrientes adecuados porque están formados esencialmente por carbohidratos. "Hay que poner un remedio ya que estamos criando niños desnutridos aunque no se les note. En su alimentación diaria faltan cantidades adecuadas de proteínas, minerales y vitaminas. Si ningún niño adquiriera golosinas o bebidas endulzadas dentro de la escuela, además de evitar problemas en la alimentación infantil, se ganaría una reducción importante en la frecuencia de la caries y se podría fomentar el ahorro."

Refrigerios nutritivos y fáciles de preparar

Fruta fresca o en ensalada	Verduras crudas	Tortas o emparedados	Panes	Varios
chabacanos	apio	atún	empanadas	ate con queso
ciruelas	brócoli	carnes frías (jamón, mortadela, pastel de pollo o pechuga de pavo)	galletas con queso crema o amarillo	cacahuates
durazno	calabacitas	frijol y queso	galletas dulces	frutas secas
gajos de mandarina, toronja o naranja	coliflor	huevo	palomitas	nueces
manzana	germen de alfalfa	mantequilla de cacahuate	panqué casero	pepitas
melón	jícama	paté	pan dulce	queso en trozos
piña	jitomate	queso panela con verdura	paté	rollitos de jamón o de queso
plátano	pepino		pays de fruta	yogur natural o con fruta
sandía	zanahoria			
uvas				

Preguntas

Alguna vez nos hemos preguntado por qué tiene que ser tan difícil en nuestra relación madre-hijo la hora de comer.

1. ¿Qué edad tienen los niños? Tal vez se encuentren en una etapa en la que lo más importante para ellos es explorar a su alrededor que sentarse a comer.
2. ¿Ha pensado en los hábitos alimenticios de su familia? ¿No estará eso afectando el modo de alimentarse del niño?
3. ¿Le gusta darles de comer a sus hijos o esos momentos representan un fastidio?
4. ¿Ha revisado de una manera franca sus propios gustos alimenticios?
5. Cuando va al supermercado a hacer las compras, ¿lleva una lista o va poniendo en el carrito lo que se le ocurre o cree que hace falta?

Mis conclusiones

6

Las enfermedades de la alimentación

La obesidad

De acuerdo con cifras de la Sociedad Mexicana de Endocrinología, cuatro de cada 10 centroamericanos y mexicanos sufren obesidad y esta situación tiende a agravarse afectando, en mayor medida, a las personas de escasos recursos. Así, si en la década de 1980 uno de cada diez habitantes de la región sufría problemas de sobrepeso, actualmente el porcentaje aumentó hasta alcanzar 40 y 50%, por lo que ahora, la obesidad se considera un grave problema de salud pública. Los centroamericanos y los mexicanos, han cambiado sus hábitos de alimentación y actividad física y, en la actualidad, un buen porcentaje de la población consume comida "chatarra" y refrescos: muchos carbohidratos y poca fibra.

Las estadísticas presentan cada vez más casos de niños y jóvenes con obesidad lo que, a juicio de los especialistas, se relaciona de manera directa con el sedentarismo provocado por la popularización de los juegos de video, el desarrollo de los programas de Internet para niños, así como la televisión. Antes, los niños se pasaban mucho tiempo jugando fútbol o corriendo,

ahora pasan demasiado tiempo sentados ante el televisor, la computadora o el Nintendo (juego electrónico), lo cual repercute en su salud.

Además de la obesidad, cada vez más niños y jóvenes sufren de hipertensión y otras enfermedades relacionadas con el sobrepeso.

Kati Szamos, en su artículo *¡Cuidado con el corazón de nuestros hijos!*, señala que el hecho de que la mayoría de los niños tenga una alimentación muy alta en grasas animales empieza a generar problemas en el corazón desde que son pequeños.

"La mayoría de los niños come muchos embutidos, huevos y un verdadero arsenal de alimentos fritos (desde las frituras de bolsitas, hasta papas, carnes, verduras, pastas y arroz frito, entre otros). También bebe litros y litros de leche entera. El común denominador de esta alimentación es que es muy alta en grasas animales, siendo ésta la primera causa de los altos niveles de

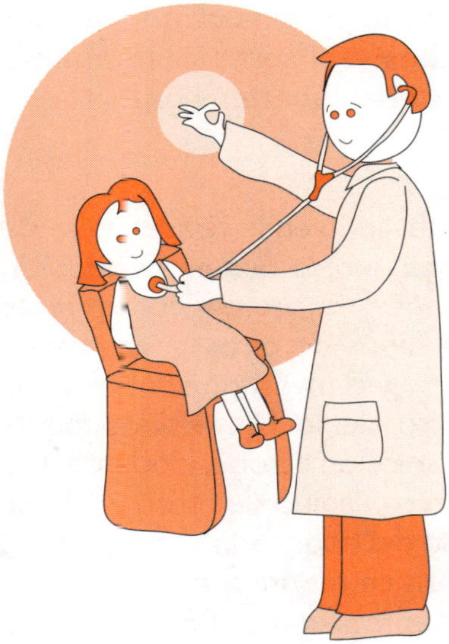

colesterol en la sangre. Dichos niveles se asocian con la formación de plaquetas en las arterias que al engrosarse, paulatinamente obstruyen el flujo de sangre hacia el corazón y el resultado posterior es un infarto al miocardio".

La especialista explica que si bien a los niños no les dan infartos, estudios recientes demuestran que, al paso de los años, los niveles de colesterol van aumentando. Por eso, muchos pediatras envían a sus pacientes de 10 años a los análisis de colesterol.

"Mi hija, de ocho años, está excedida de peso con seis kilos y aunque por ahora no me preocupa, no sé qué vamos a hacer en tres o cuatro años más, cuando ella empiece a estar consciente de su sobrepeso", expone Marcela Gómez, mamá de Itzel.

Los pediatras afirman que los niños con sobrepeso tienen muchas probabilidades de convertirse en adultos con problemas de obesidad. Y, ¿cuántos de nosotros no conocemos por lo menos a una persona obesa que padezca diabetes, enfisema pulmonar, aumento en el colesterol, cáncer o hipertensión?

Un estudio, publicado en la revista de la Asociación Médica Americana, indica que en Estados Unidos 22% de los niños latinos y afro-americanos tienen sobrepeso, mientras que niños de otros grupos étnicos alcanzan 12%. El autor de la investigación, el doctor Richard S. Straus, pediatra de la Universidad de Nueva Jersey, achaca esta explosión de obesidad infantil a una alimentación con alto contenido de grasa y "snacks". Las comidas en la mesa del hogar son siempre más sanas que las que se compran en restaurantes de comida rápida, afirma Straus. Este problema atañe a toda la familia y es importante limitar el tiempo que se pasa frente a la televisión, la computadora o los juegos de video. También es importante que los padres revisen sus hábitos alimenticios y que apoyen a los menores para lograr una reducción en su peso. El proceso será más rápido y fácil si la familia ayuda, por ejemplo, cambiando los hábitos alimenticios y practicando algún tipo de ejercicio o actividad al aire libre con regularidad.

Bridget Swinney afirma que la infancia está marcada por tres periodos críticos del desarrollo, donde algunos cambios de la grasa corporal pueden aumentar el riesgo de obesidad en épocas posteriores de la vida.

—El periodo prenatal: diversas situaciones durante el embarazo pueden afectar el peso del bebé al nacer, por ejemplo, un escaso desarrollo de la criatura durante el último trimestre del embarazo o problemas de salud de la madre como la diabetes.

—De los cuatro a los seis años —fase conocida como "rebote de la adiposidad"—: en esta etapa la grasa corporal disminuye hasta un mínimo antes de aumentar nuevamente hacia la edad adulta. Algunos estudios realizados sugieren que las dietas ricas en proteínas y calorías que se siguen durante estos años originan una mayor cantidad de grasa corporal a los ocho años. Asimismo, señalan que el consumo excesivo de alimentos puede dar lugar a un almacenamiento adicional de grasa.

—Adolescencia: durante estos años la grasa corporal aumenta en las niñas y disminuye en los niños. En las chicas dichos aumentos pueden tener un impacto en el peso que se alcance en la vida adulta.

Szamos recomienda mantener bajo control el consumo total de colesterol —debajo de los 300 miligramos diarios— en niños y púberes. "Lo que resulta conveniente es incluir dentro de la alimentación diaria de los hijos cantidades pequeñas de grasas (ver el siguiente cuadro) y combinarlas con abundante fruta, verdura, cereales y leguminosas."

> *"Los últimos hallazgos en investigaciones realizadas en Estados Unidos demuestran que, en las adolescentes que comen cuatro raciones de fruta al día, se detecta una menor cantidad de grasa corporal que en las que consumen menos fruta. Cuatro raciones de fruta equivalen a dos plátanos o una manzana, una naranja, un kiwi y un melocotón."*
>
> *Swinney*

Los especialistas nos recomiendan sustituir los antojos "chatarra" con zanahorias, jícamas o pepinos, que no tienen un gramo de grasa y sí mucha fibra. También sugieren preparar una ensalada con verduras crudas antes de la comida. Esto ayudará a disminuir el hambre y a consumir menos cantidad de comida. Valdría la pena sustituir los aderezos por jugo de limón y unas gotas de aceite de oliva. Los padres que comemos saludablemente somos excelentes modelos para nuestros hijos.

El doctor Novoa asegura que el adulto necesita reconocer y aceptar la responsabilidad que tiene consigo mismo y con las personas que dependen de él para mantenerse en condiciones óptimas de salud. "En la medida en que se haga consciente de esta responsabilidad, hará llegar su influencia para que se cumplan los requisitos que exige una buena alimentación infantil."

Contenido de grasas totales y colesterol en los alimentos más gustados por los niños.

Alimentos altos en grasas	**Tamaño en porción**	**Grasa en gramos**
Aceite vegetal	1 cucharada	15
Aderezo cremoso	2 cucharadas	12
Crema de cacahuate	1 cucharada	10
Espagueti con queso	1 taza	22
Hamburguesas	90 grs.	15
Helado	1 taza	14
Hot dogs	1	15
Leche entera	1 taza	8
Mantequilla	1 cucharadita	4
Margarina	1 cucharadita	4

Mayonesa	1 cucharada	12
Papas a la francesa	1 taza	12
Queso crema	1 cucharada	5
Queso tipo manchego	30 grs.	10
Alimentos altos en colesterol	**Tamaño en porción miligramos**	**Cantidad de colesterol en**
Hamburguesa	120 grs.	70
Helado	1 taza	55 - 85
Huevo	1 clara	275
Panqué	1 rebanada	123
Pollo frito	1 taza	185

Fuente: Szamos, Kati; *¡Cuidado con el corazón de nuestros hijos!*, revista Para educar no. 3 Diciembre 1996.

Si queremos contribuir al mejoramiento de la salud de nuestros hijos son necesarias varias reglas:

Cambiar de hábitos alimenticios.

Comer más despacio.

Desarrollar nuevas rutinas y consumo de alimentos no grasos.

Evitar comidas rápidas o "chatarra".

Reducir las porciones y consumir menos calorías.

Incrementar la actividad física, especialmente es bueno caminar.

Tener un estilo de vida activo.
Saber qué come el niño en la escuela, es común que ahí se vendan alimentos grasos o azucarados.
Hacer comidas familiares en lugar de cenas frente al televisor.
No usar la comida como premio.
Limitar los antojitos, refrescos, comida de preparación rápida.
Evitar el uso de píldoras para perder peso.

Finalmente, recordemos que si vamos a someter a nuestro hijo a un régimen nutrimental es necesario que todo esté estrictamente controlado por el pediatra o algún médico especialista.

> *"En México, 52% de las mujeres adultas en edad fértil y 5% de los niños preescolares padecen sobrepeso y obesidad."*
>
> *Encuesta Nacional de Nutrición 1999*

Dientes sanos, sonrisas bellas

Los dientes de nuestros hijos son tan importantes como atenderles un dolor de estómago, de cabeza o cualquier otro malestar físico. A pesar de la importancia de la dentadura, muchos padres de familia deciden no preocuparse por eso hasta que lleguen los dientes definitivos.

La limpieza bucal de prevención consiste en un adecuado lavado de dientes después de cada comida o tras haber ingerido una golosina. Por supuesto, la alimentación del chico es un factor clave en la salud de la boca. No hay que olvidar que los dientes —aunque sean los de leche— se enferman de caries y existen estadísticas que documentan este padecimiento como uno de los más frecuentes entre la población del mundo entero.

Adriana Cao Romero, odontóloga especializada en niños, afirma que los niños tienen que ir al dentista a partir de los dos años de edad para un primer control de su dentadura. "En esa visita inicial se les hace una evaluación de los dientes y las posibles caries; una limpieza general y se les aplica flúor para fortalecer el esmalte. Se explica a los padres el tipo de higiene que se debe seguir. A partir de esa edad son necesarias las revisiones y limpiezas dentales cada seis meses. Muchos padres son todavía de la idea de que, como los dientes de leche son temporales, no es necesario prestarles demasiada atención. Sin embargo, esto es un error. Los dientes de leche son necesarios para el niño, cumplen una función y su falta de cuidado puede producir infecciones o dolor al menor."

Las caries son la enfermedad dental más común entre la población infantil.

Un diente está formado primero, por una parte no calcificada, luego la pulpa y, finalmente, dos partes no calcificadas: la dentina y el esmalte. La caries es la desintegración del esmalte y la dentina dental. La superficie de los dientes está cubierta por la placa dental que, a su vez, se encuentra formada por bacterias, proteínas e hidratos de carbono. Cuando en la superficie de un diente se produce la interacción de las bacterias y los hidratos de carbono fermentables —éstos son azúcares o almidones que pueden ser degradados por las bacterias que habitan en la boca—, las bacterias producen ácidos que son los que empiezan a desmineralizar o degradar el esmalte dental. Esto puede producir una cavidad o caries en el interior del diente.

Alimentos saludables para los dientes:

Atún, frutos secos, huevos duros, leche, mantequilla de cacahuate, zanahorias, apio, brócoli y aguacate.

El único elemento de la dieta que puede ayudar a prevenir las caries es el flúor que se obtiene directamente del agua, aunque también muchos pediatras sugieren que los bebés ingieran una gota de este mineral.

Según una publicación médica española, las caries dentales son contagiosas entre los niños a través de los cubiertos, vasos, chupones, dulces y todos los objetos que los chicos suelen introducirse a la boca. El *estreptococo mutans* es una bacteria extraña a la flora bucal, pero se ha encontrado en grandes cantidades en los niños y se cree que siete de cada 10 pequeños tiene los dientes picados debido a la acción de la bacteria. Los pediatras afirman que, como es prácticamente imposible que los niños de entre uno y cuatro años de edad dejen de llevarse diferentes objetos a la boca, es necesaria una higiene bucal muy escrupulosa y constante.

El doctor José de Jesús Tizcareño afirma, respecto a la influencia de los alimentos en los problemas dentales, que es necesario vigilar especialmente los carbohidratos que pueden fermentarse en la boca como

- Para ayudar a prevenir los problemas dentales se puede usar un colorante vegetal inofensivo llamado revelador de placa bacteriana, el cual marca con un tono más oscuro los lugares donde no se ha hecho una buena limpieza. Algunos dentistas afirman que lo mejor es un buen lavado de dientes al día empleando este revelador, que varias limpiezas precipitadas e incorrectas.
- Vigile el consumo de flúor de su hijo. Pregúntele a su médico si no es necesario darle al niño gotas.
- No olvide que la función del flúor es la de reforzar el esmalte de los dientes y hacerlos más resistentes a las caries.
- Inicie el cepillado de dientes de su hijo lo antes posible —entre los dos y los tres años de edad— ya que, según las estadísticas, a los tres años 90% de niños occidentales presentan caries y afección de las encías en su fase inicial. A los 12 años, 20% de sus dientes tiene caries y ya han sido curados con empastes o bien los dientes ya han sido extraídos.
- Los dientes permanentes empiezan a crecer alrededor de los seis años de edad. No espere hasta que el niño los cumpla para visitar al dentista. Recuerde que los dientes de leche son muy importantes y una picadura puede producir dolor e incluso infección.

Fuente: Revista Aprendamos juntos. Primavera no. 4, México 1999.

el azúcar simple y almidones que se encuentran en el pan y las pastas. "Existen otros factores que también pueden producir caries, como la frecuencia con la que los dientes del menor se exponen a estos hidratos de carbono y el tiempo que transcurre entre el momento en que el niño termina de comer y se lava los dientes. Trate de que ese periodo no sea mayor a 30 minutos. El consumo de dulces entre comidas y la ingesta nocturna de alimentos puede facilitar la producción de caries ya que son los momentos cuando se produce menor cantidad de saliva. Los alimentos pegajosos son especialmente dañinos para el esmalte dental. Vigile que su hijo sea cuidadoso con el aseo bucal. Se lo agradecerá cuando crezca", recomienda el especialista.

Asimismo, muchas mamás sabemos que permitir a los niños dormir con la mamila con leche tampoco es muy saludable para los dientes en formación ya que el constante goteo en su boca va dejando azúcares que son los generadores de las caries.

Anorexia y bulimia

Estas dos enfermedades, son trastornos de la alimentación que han crecido de manera notable en los últimos tiempos. Los médicos afirman que son más frecuentes en las mujeres y especialmente en las adolescentes, aunque también ha aumentado la frecuencia en hombres y en mujeres de otras edades.

La anorexia nerviosa, tiene como característica principal un rechazo a comer a pesar de que la persona siente hambre. Existe una obsesión por mantener el peso mínimo recomendado para la edad, estatura y complexión. La persona afectada siente un miedo intenso a convertirse en obesa aún cuando se encuentre en una talla menor a la esperada como normal. Es decir, hay una alteración en la percepción personal del peso, el tamaño y la forma del cuerpo, también se presenta una pérdida de por lo menos tres periodos menstruales consecutivos (a esta falta también se le conoce como amenorrea).

La bulimia se caracteriza por el desarrollo de episodios recurrentes de ingestión voraz y descontrolada de alimentos. Existe, además, una sensación de pérdida de control respecto al alimento. Para evitar subir de peso y al sufrir sentimientos de culpa, las personas se provocan el vómito, utilizan laxantes y diuréticos, ayunan y practican ejercicio excesivamente. Su autoestima se basa en su silueta, complexión o peso corporal. Para que se considere un trastorno de alimentación los episodios de ingestión voraz deben aparecer por lo menos dos veces a la semana durante tres meses.

Investigaciones realizadas afirman que 90% de quienes padecen anorexia o bulimia son mujeres entre 12 y 25 años, quienes estan sometidas a una gran presión para satisfacer cierto ideal de belleza que la moda impone con rigor y sin consideraciones. En los varones ocurre en menor medida.

Actualmente, está muy de moda lucir una figura esbelta, lo que ha propiciado que muchas adolescentes y jóvenes, en su afán por conservar una silueta delgada como las que presentan los medios de comunicación, adopten dietas y hábitos alimenticios inadecuados que ponen en peligro su salud y su vida.

Asimismo, los especialistas han encontrado factores familiares que influyen directamente en los problemas de anorexia y bulimia Por ejemplo, 40% de las niñas entre las edades de nueve y 10 años tratan de perder peso por recomendación de las madres. Por otro lado, las mamás de los anoréxicos tienden a inmiscuirse demasiado en la vida de sus hijos, mientras que las madres de los bulímicos son críticas y distantes.

No olvide

Una buena alimentación debe ser completa y suficiente, es decir, contener todos los nutrimentos en las cantidades necesarias. También debe ser variada, ya que ningún alimento contiene, por sí solo, todos los nutrientes que el organismo necesita.

Uso de los grupos en la alimentación ideal

El modelo de alimentación idónea maneja tres conceptos o reglas básicas. En cada tipo de comida (desayuno, comida (o almuerzo) y cena (o comida)), la alimentación de todos los miembros de la familia debe incluir:

a) Suficientes frutas y verduras. Además de ser fuente de vitaminas y minerales, son un recurso para tener una dieta llamativa y variada. Es importante prepararlas inmediatamente antes de servirlas y si se cuecen, hacerlo con poca agua o al vapor, para disminuir la pérdida de nutrimentos.
b) Una combinación de cereales con leguminosas. Al digerirse juntos complementan sus proteínas mejorando la calidad de la alimentación. Forman el soporte energético de la dieta (más del 60% de la energía total). Prefiera los cereales integrales porque proporcionan fibra dietética. Los tubérculos como papa y camote pueden sustituir a los cereales y sus derivados.
c) Una pequeña cantidad de algún alimento de origen animal, aunque poseen la proteína más fina, tienen la desventaja de ser fuente de grasas saturadas y colesterol y al cocinarlos se les agrega más grasa,

sal y condimentos. Su presencia en cada comida es importante para complementar el valor nutritivo, pero en pequeñas cantidades para que el organismo no se vea afectado. La alimentación ideal exige no abusar del consumo de estos alimentos, a fin de evitar o disminuir problemas de salud.

Recomendaciones para llevar una alimentación adecuada.

Además de las tres reglas básicas es importante:

Aumentar el consumo de fibra dietética proveniente de cereales integrales, frutas y verduras.

Preferir los aceites vegetales a las grasas animales, ya que además de ser más fáciles de asimilar y aprovechar, previenen algunas enfermedades crónicas y degenerativas.

Elegir alimentos frescos en lugar de alimentos industrializados como los enlatados y polvos para sazonar, entre otros. Los alimentos naturales son más baratos, nutritivos y no representan riesgos para la salud. El pescado es un buen alimento y debe sustituir a la carne por lo menos una vez por semana.

Disminuir el consumo de alimentos con alto contenido de grasas y colesterol, ya que pueden producir daños a la salud, porque incrementan el riesgo de padecer infartos o embolias por acumulación de grasas en las paredes de las arterias.

Disminuir el consumo de sal. Cuando se consume en exceso, la sal tiende a producir retención de líquidos en el organismo, produciéndose como consecuencia, hipertensión arterial, que afecta al corazón.

Evitar el consumo de productos "chatarra": botanas, pastelillos, dulces y refrescos, ya que resultan perjudiciales al organismo. Los azúcares que contienen carecen de valor nutritivo y propician la obesidad. Además, se dejan de comer otros productos que sí son necesarios.

Fuente: González, Fabiola. *La alimentación idónea.* (http://www.medicoweb.net/fabiolagonzalez/)

Preguntas

La alimentación es una de nuestras principales aliadas para la salud de nuestros hijos.

1. ¿Usted padece sobrepeso o se encuentra en forma?
2. ¿Ha pensado en las causas que provocan que los adolescentes padezcan anorexia o bulimia?
3. ¿Cuántas horas pasan sus hijos frente a la televisión, la computadora o los videojuegos? ¿No sería mejor llevarlos a correr o a caminar a algún lugar cercano?
4. Cuando sus hijos están sentados frente a la televisión ¿ha visto con ellos todos los anuncios sobre comida poco nutritiva y muy atractiva para ellos? ¿Lo ha hablado con los chicos?
5. ¿Se ha preocupado por los dientes de leche de sus hijos y por su salud bucal en general?
6. ¿Considera que sería importante mantener con sus hijos una charla sobre la nutrición y el ejercicio? ¿Les pone usted misma un buen ejemplo?

Mis conclusiones

Horizontales

1. Enfermedad que eleva la concentración de azúcar en la sangre produciendo diversas consecuencias orgánicas.
2. Enfermedad caracterizada por un exceso de masa o grasa corporal que afecta psicológica, social y emocionalmente a quien la padece.
3. A pesar de que no aporta vitaminas ni calorías es un nutriente indispensable para la vida de niños y adultos. Si viviéramos un par de días sin este líquido podríamos morir.
4. Mineral que reduce el nivel de acidez en la boca y ayuda a evitar la caries dental.
5. También se le llama estatura y se dice que durante el primer año de vida el infante la aumenta 50 %.
6. Durante los periodos de crecimiento éste aumenta antes que la estatura.
7. Es la unidad que mide la energía. Desde el punto de vista de nutrición es la cantidad de alimento necesario para producir energía.
8. Son necesarios para mantener el buen funcionamiento del cuerpo.
9. Es la desintegración del esmalte y la dentina dentales. Entre los niños hay una gran incidencia.
10. Bolsa que los niños llevan a la escuela con alimentos para su refrigerio.
11. Enfermedad caracterizada por episodios de ingestión voraz de alimentos.
12. Mineral esencial para el funcionamiento de las células. Cuando falta, la persona se siente cansada y sin ánimos.
13. Procesos por los que el organismo recibe, transforma y utiliza los elementos necesarios para el mantenimiento de la vida.

14. Sustancia grasa que forma depósitos en las paredes de las arterias y obstaculizan el paso de la sangre.
15. Pequeñas sustancias encontradas en los alimentos que ayudan al organismo a procesar las proteínas, los hidratos de carbono y las grasas.

Verticales

1. Lo causa un desequilibrio energético. Es decir, hay una insuficiente actividad física para compensar el consumo de alimentos. Se padece por cierta predisposición genética.
2. Es uno de los minerales que más requieren los niños y las mujeres embarazadas.
3. Actitudes temporales de nuestros hijos respecto de algún alimento. Puede ser que lo rechacen absolutamente o que sea lo único que quieren comer.
4. Contribuyen a la formación de tejidos nuevos y a reparar las células dañadas. Durante la digestión se descompone en compuestos menores llamados aminoácidos.
5. Refrigerio que requieren sobre todo los niños a media mañana y a media tarde para cargar energía.
6. Periodo de alimentación infantil donde el niño empieza a establecer sus primeros vínculos emocionales y sociales.
7. Son la fuente más concentrada de energía por lo que se dice que contienen el más alto contenido de calorías. Pueden ser saturadas o insaturadas.
8. Son la fuente primordial de energía para el cuerpo. Se dividen en almidones y en azúcares.
9. Es el nombre que le damos a los dulces, chicles, papas fritas, etcétera y generalmente a los niños les encanta.

10. Pueden ayudar a compensar la ausencia de algunos nutrientes, pero no contienen lo que nos ofrecen los alimentos naturales.
11. Enfermedad que produce la sensación de estar gordos por lo que quienes la padecen permanecen a dieta.
12. Los alimentos que tienen alto contenido de este nutriente son la mejor protección contra ciertas enfermedades digestivas como el estreñimiento e incluso el cáncer de colon.
13. Producto de la vaca que se utiliza para alimentar a los niños.
14. Cereal considerado como base de la alimentación de los mexicanos.
15. Se produce después de que nuestro cuerpo procesó los alimentos. En el caso de los niños consideramos que a veces tienen demasiada.

SOLUCIÓN AL CRUCIGRAMA

Horizontales

1. Diabetes
2. Obesidad
3. Agua
4. Flúor
5. Talla
6. Peso
7. Calorías
8. Minerales
9. Caries
10. Lonchera
11. Bulimia
12. Hierro
13. Nutrición
14. Colesterol
15. Vitaminas

Verticales

1. Sobrepeso
2. Calcio
3. Manías
4. Proteínas
5. Tentempié
6. Lactancia
7. Grasas
8. Carbohidratos
9. Chatarra
10. Suplementos
11. Anorexia
12. Fibra
13. Leche
14. Maíz
15. Energía

Relaciona las columnas

Una el concepto de la columna izquierda con la definición que le corresponda de la columna derecha.

Modales	Material no digerible que se encuentra en algunos alimentos y contribuye a disminuir los niveles sanguíneos de colesterol.
Betacaroteno	Está presente en huesos, dientes y tejido blando, desempeña un papel importante en el control de los latidos del corazón.
Legumbres	Es una vitamina que no se acumula en el cuerpo y es necesario consumirla. También se le conoce como ácido ascórbico.
Fibra	Se almacena en el cuerpo del niño y no necesita administrarse diariamente. También se le conoce como suplemento de la vitamina A.
Calcio	Elevación de las cifras de tensión arterial por diversas razones: predisposición genética, consumo excesivo de sodio, estrés, sedentarismo, obesidad.
Hipertensión	Es la forma en la que le proporcionamos al cuerpo humano los alimentos que le son indispensables.

Alimentación	Motivo de llanto del recién nacido que inicia entre los tres días y las tres semanas después del nacimiento. Tienden a desaparecer hacia el cuarto mes de nacido el bebé.
Cafeína	Deficiencia nutrimental más frecuente que se caracteriza por una reducción en la concentración de hemoglobina en la sangre. Su origen es la insuficiencia de hierro.
Leguminosas	Fuente de proteínas de muy bajo costo que, además, son ricas en minerales y en algunas vitaminas.
Hidratos de carbono	Hábitos que son una de las razones principales de las disputas con nuestros hijos a la hora de los alimentos.
Ejercicio	Tiempo en que ocurre la formación y salida de los dientes de leche.
Calorías	Aportan energía y contribuyen a la digestión y absorción de los alimentos.
Anemia	Esfuerzo corporal que contribuye a conservar o a recuperar la salud del cuerpo.
Hierro	Dificultad para evacuar normalmente.
Sodio	Pérdida excesiva de agua que se acompaña de la disminución de sodio, cloro y potasio.
Cólicos	No la encontramos solamente en el café, también está en los refrescos de cola y en algunos tés. Crea adicción en niños y adultos.
Deshidratación	Se dice que contribuye a mantener el calcio y otros minerales solubles en la sangre.
Estreñimiento	Favorece la resistencia a las enfermedades, proporciona un color saludable a las mejillas, cura y previene la anemia.

Vitamina C	Son muy digeribles y una buena fuente de proteína junto con los cereales. Entre éstas se encuentra la lenteja y el frijol.
Dentición	Tienen importancia en función del contexto nutrimental de cada alimento y de la energía que necesitan las distintas personas.

Equivalencias

Algunas diferencias de nombre para los mismos alimentos en México, el resto de América Latina y España

México	América Latina y España
Aguacate	Palta
Albaricoque	Damasco
Alcachofa	Alcaucil
Betabel	Remolacha, betarraga
Brócoli	Brécol, bróculi
Calabaza	Ahuyama, zapallo
Camote	Batata, boniato
Cereza	Cereza
Chabacano	Damasco
Chicozapote	Zapote
Chícharo	Guisante
Chile	Ají, picante
Coco	Pipa
Col	Repollo
Durazno	Melocotón
Ejote	Poroto verde, judía verde, habichuela, vainica, vainita
Fresa	Frutilla
Frijol	Fréjol

Jitomate	Tomate
Maíz	Choclo, Jojoto
Naranja	China
Papa	Patata
Plátano	Banana, maricón
Zarzamora	Mora

Bibliografía

Burrows, Raquel, *Nutrientes esenciales, calorías por edad.* www.learninghouse.cl/news/news, abril, 2002.

Maldonado Durán, Martín y Sauceda-García, Manuel, *Evaluación clínica y tratamiento de los problemas de alimentación* Artículo publicado en Lartigue Teresa, Maldonado Martín y Ávila Héctor coordinadores, *La alimentación en la primera infancia y sus efectos en el desarrollo.* Editado por la Asociación Psicoanalítica Mexicana, A.C. y Plaza y Valdés Editores, 1a. edición, México, 1998.

Marván, Leticia, *Dietas, los alimentos en la salud y en la enfermedad.*

Mindell, Earl, *Todo sobre las vitaminas y la alimentación para los niños.* Grupo editorial Eac, España, 1995.

Moloney, Kathleen, *Cómo alimentar a sus hijos.* Grupo Editorial Norma, Colombia, 1991.

Novoa, José, *¿Qué debe comer mi hijo?* Editorial Diana, 1a. edición, México, 1981.

Plazas, Maité, *Que los niños aprendan y disfruten de una buena alimentación.* Artículo publicado en Cuadernos de Nutrición, México, Marzo-Abril, 1995.

Satter, Ellyn, *Child of mine.* Bull Publishing Company, USA, 2000.

Swinney, Bridget, *Comidas sanas, niños sanos.*
Szamos, Kati, *¡Cuidado con el corazón de nuestros hijos!* Revista Para educar, no. 3, diciembre, 1996.
———, *Nutrición Infantil. Cómo lograr que los niños coman bien.* Editorial Yug, 3a. edición, México, 2001.
Williams, Roger J., *Nutrición contra las enfermedades* (Nutrition against disease). Bantam, USA, 1978.

El tiraje consta de **8,000** ejemplares

Impreso y encuadernado en:
Litografía Magno Graf S.A. de C.V.
Calle E No. 6 Fracc. Ind. Puebla 2000
Puebla, Pue.